66 매일 성장하는 **초등 자기개발서** 99

ⓦ 완자

공부력

Q 왜 공부력을 키워야 할까요?

쓰기력

정확한 의사소통의 기본기이며 논리의 바탕

연필을 잡고 종이에 쓰는 것을 괴로워한다!
맞춤법을 몰라 정확한 쓰기를 못한다!
말은 잘하지만 조리 있게 쓰는 것이 어렵다!
그래서 글쓰기의 기본 규칙을 정확히 알고
써야 공부 능력이 향상됩니다.

어휘력

교과 내용 이해와 독해력의 기본 바탕

어휘를 몰라서 수학 문제를 못 푼다!
어휘를 몰라서 사회, 과학 내용 이해가 안 된다!
어휘를 몰라서 수업 내용을 따라가기 어렵다!
그래서 교과 내용 이해의 기본 바탕을
다지기 위해 어휘 학습을 해야 합니다.

독해력

모든 교과 실력 향상의 기본 바탕

글을 읽었지만 무슨 내용인지 모른다!
글을 읽고 이해하는 데 시간이 오래 걸린다!
읽어서 이해하는 공부 방식을 거부하려고 한다!
그래서 통합적 사고력의 바탕인 독해 공부로
교과 실력 향상의 기본기를 닦아야 합니다.

계산력

초등 수학의 핵심이자 기본 바탕

계산 과정의 실수가 잦다!
계산을 하긴 하는데 시간이 오래 걸린다!
계산은 하는데 계산 개념을 정확히 모른다!
그래서 계산 개념을 익히고 속도와 정확성을
높이기 위한 훈련을 통해 계산력을 키워야 합니다.

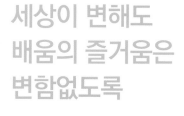

세상이 변해도
배움의 즐거움은
변함없도록

시대는 빠르게 변해도
배움의 즐거움은
변함없어야 하기에

어제의 비상은
남다른 교재부터
결이 다른 콘텐츠
전에 없던 교육 플랫폼까지

변함없는 혁신으로
교육 문화 환경의 새로운 전형을
실현해왔습니다.

비상은 오늘, 다시 한번
새로운 교육 문화 환경을 실현하기 위한
또 하나의 혁신을 시작합니다.

오늘의 내가 어제의 나를 초월하고
오늘의 교육이 어제의 교육을 초월하여
배움의 즐거움을 지속하는 혁신,

바로, 메타인지 기반 완전 학습을.

상상을 실현하는 교육 문화 기업 비상

메타인지 기반 완전 학습

초월을 뜻하는 meta와 생각을 뜻하는 인지가 결합한 메타인지는
자신이 알고 모르는 것을 스스로 구분하고 학습계획을 세우도록 하는
궁극의 학습 능력입니다. 비상의 메타인지 기반 완전 학습 시스템은
잠들어 있는 메타인지를 깨워 공부를 100% 내 것으로 만들도록 합니다.

완자

공부력

초등 국어
독해 4A

완자

초등 국어 독해
3A, 3B, 4A, 4B 글감 구성

특징과 활용법

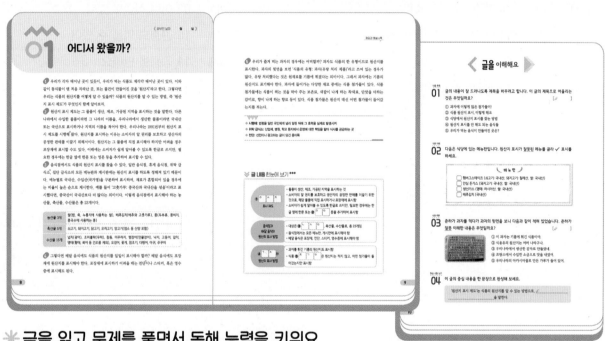

✳ 글을 읽고 문제를 풀면서 독해 능력을 키워요.

✳ [글 내용 한눈에 보기]를 통해 글의 구조를
파악하는 능력을 길러요.

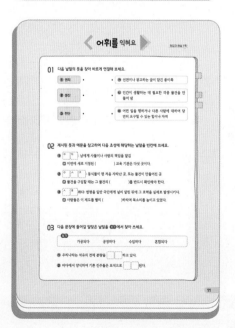

✳ 글에 나온 어휘를 다양한 문제를
통해 재미있게 익혀요.

- ✔ 책으로 하루 4쪽 공부하며, 초등 독해력을 키워요!
- ✔ 모바일앱으로 공부한 내용을 복습하고 몬스터를 잡아요!

공부한 내용 확인하기

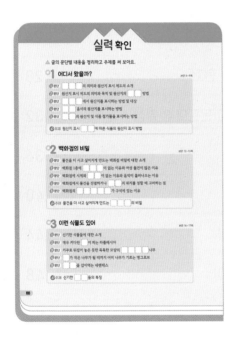

✻ 20일 동안 공부한 내용을 정리 💡 해 보며 자기의 실력을 확인해요.

모바일앱으로 복습하기

앱 다운받기

책 인증하기

✻ 그날 배운 내용을 바로바로, 또는 주말에 모아서 복습하고, 다이아몬드 획득까지! 💎 공부가 저절로 즐거워져요!

차례

우리도 하루 4쪽 공부 습관!
스스로 공부하는 힘을
키워 볼까요?

큰 습관이
지금은 그 친구를 이끌고 있어요.
매일매일의 좋은 습관은 우리를 좋은
곳으로 이끌어 줄 거예요.

한 친구가
작은 습관을 만들었어요.

매일매일의 시간이 흘러
작은 습관은 큰 습관이 되었어요.

어디서 왔을까?

1 우리가 각자 태어난 곳이 있듯이, 우리가 먹는 식품도 제각각 태어난 곳이 있다. 이와 같이 동식물이 맨 처음 자라난 곳, 또는 물건이 만들어진 곳을 '원산지'라고 한다. 그렇다면 우리는 식품의 원산지를 어떻게 알 수 있을까? 식품의 원산지를 알 수 있는 방법, 즉 '원산지 표시 제도'가 무엇인지 함께 알아보자.

2 원산지 표시 제도는 그 물품이 생산, 제조, 가공된 지역을 표시하는 것을 말한다. 다른 나라에서 수입한 물품이라면 그 나라의 이름을, 우리나라에서 생산한 물품이라면 국내산 또는 국산으로 표시하거나 지역의 이름을 적어야 한다. 우리나라는 1991년부터 원산지 표시 제도를 시행해 왔다. 원산지를 표시하는 이유는 소비자의 알 권리를 보호하고 생산자의 공정한 판매를 이끌기 위해서이다. 원산지는 그 물품에 직접 표시해야 하지만 어려울 경우 포장재에 표시할 수도 있다. 이때에는 소비자가 쉽게 알아볼 수 있도록 한글로 쓰지만, 필요한 경우에는 한글 옆에 한문 또는 영문 등을 추가하여 표시할 수 있다.

3 음식점에서도 식품의 원산지 표시를 찾을 수 있다. 일반 음식점, 휴게 음식점, 위탁 급식소, 집단 급식소의 모든 메뉴판과 게시판에는 원산지 표시를 하도록 정해져 있기 때문이다. 메뉴별로 국내산, 수입산(국가명)을 구분하여 표시하며, 재료가 혼합되어 있을 경우에는 비율이 높은 순으로 제시한다. 예를 들어 '고춧가루: 중국산과 국내산을 섞음'이라고 표시했다면, 중국산이 국내산보다 더 많다는 의미이다. 이렇게 음식점에서 표시해야 하는 농산물, 축산물, 수산물은 총 23개이다.

농산물 3개	쌀(밥, 죽, 누룽지에 사용하는 쌀), 배추김치(배추와 고춧가루), 콩(두부류, 콩비지, 콩국수에 사용하는 콩)
축산물 5개	쇠고기, 돼지고기, 닭고기, 오리고기, 양고기(염소 등 산양 포함)
수산물 15개	넙치(광어), 조피볼락(우럭), 참돔, 미꾸라지, 뱀장어(민물장어), 낙지, 고등어, 갈치, 명태(황태, 북어 등 건조품 제외), 오징어, 꽃게, 참조기, 다랑어, 아귀, 주꾸미

4 그렇다면 배달 음식에도 식품의 원산지를 일일이 표시해야 할까? 배달 음식에도 포장재에 원산지를 표시해야 한다. 포장재에 표시하기 어려울 때는 전단이나 스티커, 혹은 영수증에 표시해도 된다.

5 우리가 즐겨 먹는 과자의 경우에는 어떠할까? 과자도 식품의 한 유형이므로 원산지를 표시한다. 과자의 뒷면을 보면 '식품의 유형: 과자(유탕 처리 제품)'라고 쓰여 있는 경우가 많다. 유탕 처리했다는 것은 원재료를 기름에 튀겼다는 의미이다. 그래서 과자에는 기름의 원산지도 표기해야 한다. 과자에 들어가는 다양한 재료 중에는 식품 첨가물이 있다. 식품 첨가물에는 식품이 썩는 것을 막아 주는 보존료, 색깔이 나게 하는 착색료, 단맛을 더하는 감미료, 향이 나게 하는 향료 등이 있다. 식품 첨가물은 원산지 대신 어떤 첨가물이 들어갔는지를 적는다.

◆ **시행해:** 법령을 일반 국민에게 널리 알린 뒤에 그 효력을 실제로 발생시켜
◆ **위탁 급식소:** 산업체, 병원, 학교 등지에서 운영에 대한 책임을 맡아 식사를 공급하는 곳
◆ **전단:** 선전이나 광고하는 글이 담긴 종이쪽

≫ 글 내용 한눈에 보기 •••

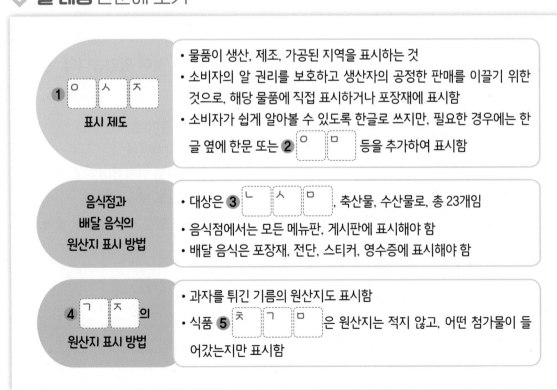

1 ㅇ ㅅ ㅈ 표시 제도	• 물품이 생산, 제조, 가공된 지역을 표시하는 것 • 소비자의 알 권리를 보호하고 생산자의 공정한 판매를 이끌기 위한 것으로, 해당 물품에 직접 표시하거나 포장재에 표시함 • 소비자가 쉽게 알아볼 수 있도록 한글로 쓰지만, 필요한 경우에는 한글 옆에 한문 또는 **2** ㅇ ㅁ 등을 추가하여 표시함
음식점과 배달 음식의 원산지 표시 방법	• 대상은 **3** ㄴ ㅅ ㅁ , 축산물, 수산물로, 총 23개임 • 음식점에서는 모든 메뉴판, 게시판에 표시해야 함 • 배달 음식은 포장재, 전단, 스티커, 영수증에 표시해야 함
4 ㄱ ㅈ 의 원산지 표시 방법	• 과자를 튀긴 기름의 원산지도 표시함 • 식품 **5** ㅊ ㄱ ㅁ 은 원산지는 적지 않고, 어떤 첨가물이 들어갔는지만 표시함

글을 이해해요

내용 추론

01 글의 내용이 잘 드러나도록 제목을 바꾸려고 합니다. 이 글의 제목으로 어울리는 것은 무엇일까요? [✎   ]

① 과자에 이렇게 많은 첨가물이!
② 식품 원산지 표시, 이렇게 해요
③ 식당에서 원산지 표시를 찾는 방법
④ 원산지 표시를 안 해도 되는 음식들
⑤ 우리가 먹는 음식이 만들어진 곳은?

내용 이해

02 다음은 식당에 있는 메뉴판입니다. 원산지 표시가 <u>잘못된</u> 메뉴를 골라 ✓ 표시를 하세요.

> 🌿 **메 뉴 판** 🌿
>
> ☐ 햄버그스테이크 (쇠고기: 국내산, 돼지고기: 칠레산, 쌀: 국내산)
> ☐ 안심 돈가스 (돼지고기: 국내산, 쌀: 국내산)
> ☐ 생선가스 (명태: 러시아산, 쌀: 국내산)
> ☐ 배추김치 (국내산)

내용 추론

03 준하가 과자를 먹다가 과자의 뒷면을 보니 다음과 같이 적혀 있었습니다. 준하가 <u>잘못</u> 이해한 내용은 무엇일까요? [✎   ]

① 이 과자는 기름에 튀긴 식품이야.
② 식용유의 원산지는 여러 나라구나.
③ 우리나라에서 생산한 감자로 만들었네.
④ 프랑스에서 수입한 소금으로 맛을 내었어.
⑤ 우리나라의 아카시아꿀로 만든 가루가 들어 있어.

중심 내용 쓰기

04 이 글의 중심 내용을 한 문장으로 완성해 보세요.

> '원산지 표시 제도'는 식품의 원산지를 알 수 있는 방법으로, ✎ _____
> _____ 을 말한다.

01 다음 낱말의 뜻을 찾아 바르게 연결해 보세요.

1 권리 •

2 생산 •

3 전단 •

• ㄱ 선전이나 광고하는 글이 담긴 종이쪽

• ㄴ 인간이 생활하는 데 필요한 각종 물건을 만들어 냄

• ㄷ 어떤 일을 행하거나 다른 사람에 대하여 당연히 요구할 수 있는 힘이나 자격

02 제시된 뜻과 예문을 참고하여 다음 초성에 해당하는 낱말을 빈칸에 쓰세요.

1 ㅇ ㅌ : 남에게 사물이나 사람의 책임을 맡김

예 이번에 새로 지정된 (   ) 교육 기관은 다섯 곳이다.

2 ㅇ ㅅ ㅈ : 동식물이 맨 처음 자라난 곳. 또는 물건이 만들어진 곳

예 물건을 구입할 때는 그 물건의 (   )를 반드시 확인해야 한다.

3 ㅅ ㅎ 하다: 법령을 일반 국민에게 널리 알린 뒤에 그 효력을 실제로 발생시키다.

예 사람들은 이 제도를 빨리 (   )하라며 목소리를 높이고 있었다.

03 보기 에서 알맞은 낱말을 골라 다음 문장을 바르게 완성하세요.

보기

가공되다   공정하다   수입하다   혼합되다

1 우리나라는 석유의 전체 분량을 ☐☐하고 있다.

2 바다에서 양식하여 기른 진주들은 보석으로 ☐☐된다.

백화점의 비밀

1 영은이는 엄마와 함께 백화점에 갔다. 여러 매장을 구경하며 한참을 돌아다닌 영은이는 결국 첫 번째 매장에서 본 옷을 사기로 마음먹었다. 그래서 첫 번째 매장을 찾아가기 위해 다시 한참을 돌아다닌 영은이와 엄마의 입에선 결국 볼멘소리가 터져 나왔다.

"도대체 백화점의 구조는 왜 이렇게 복잡한 거야?"

백화점에 가서 혹시 영은이와 같은 경험을 해 본 적은 없는가? 백화점의 복잡한 구조에는 우리가 물건을 더 사고 싶어지게 만드는 비밀이 숨어 있다.

2 백화점 1층에는 화장실이 없다

대부분의 백화점 1층에는 화장실이 없다. 고객이 화장실에 가려면 불편할 텐데 왜 화장실에 가기 위해 다른 층으로 가도록 만들었을까? 이유는 간단하다. 고객이 다른 층으로 가면서 1층에 진열되어 있는 상품을 더 보게 하기 위해서이다. 백화점에는 여성 고객이 더 많기 때문에 여성들의 눈길을 오래, 그리고 많이 사로잡을수록 물건을 더 많이 팔 수 있다. 그래서 1층에는 화장품, 향수, 가방 등 여성이 주로 쓰는 물건이 많다. 또 화장품과 향수의 좋은 향은 고객의 기분을 좋게 만든다. 기분이 좋아지고 느긋해지면 고객들은 백화점에 더 오래 머물게 되고, 오래 구경하다 보면 물건을 사고 싶어지는 마음도 드는 것이다.

3 백화점에는 시계와 창문이 없고 음악이 있다

고객이 어느 정도 시간이 지났는지 몰라야 백화점에 더 머무르며 쇼핑을 할 것이다. 그래서 백화점 벽에는 시계를 걸지 않는다. 창문도 마찬가지이다. 창문이 있으면 고객이 밖을 내다보게 되고, 날이 어두워지면 고객은 돌아갈 시간이라는 생각을 하게 되기 때문이다. 또 물건이 멋있고 예쁘게 보이려면 조명이 중요한데, 창문이 있으면 바깥 날씨에 따라 들어오는 빛이 달라져 물건이 멋지게 보이지 않을 수 있기 때문이다. 백화점에서 흘러나오는 음악도 같은 원리이다. 느린 박자의 음악을 틀어 고객이 느긋하게 쇼핑을 할 수 있도록 유도하는 것이다.

4 물건이나 매장의 위치도 계산된 것이다

고객은 주로 눈높이의 30cm 위나 아래에 있는 물건을 집게 된다. 그래서 가장 이익이 많이 남는 물건이나 잘 팔려야 하는 물건을 그곳에 진열해 놓는다. 그뿐만 아니라 물건을 진열하는 구조나 매장의 위치도 조정한다. 그래야 고객이 매장이나 물건을 찾기 위해 백화점에 더 오래 머물기 때문이다. 또한 지하층에는 식품 매장을, 꼭대기 층에는 문화 센터나 식당을 배치한다. 식품 매장을 찾은 고객은 지하부터 위층으로 올라가면서, 문화 센터나 식당을 찾은 고객은 꼭대기 층부터 아래층으로 내려가면서 백화점을 더 구경하기 때문이다.

5 엘리베이터는 구석에 있어서 찾기 어렵다

에스컬레이터는 백화점의 가운데쯤에 있어서 바로 찾을 수 있는데 엘리베이터는 구석에 숨어 있다. 게다가 크기도 작고 느리다. 왜 그럴까? 고객이 엘리베이터를 타면 다른 층을 구경하지 않고 원하는 물건이 있는 층에 바로 도착하게 된다. 이런 일을 줄이기 위해 고객이 잘 찾지 못하는 구석에 작고 느린 엘리베이터를 두는 것이다. 고객은 찾기 어려운 엘리베이터 대신 탁 트인 중앙에 있는 에스컬레이터를 이용하게 된다. 그리고 다른 층으로 가면서 자연스럽게 여러 층에 있는 다양한 매장과 제품을 보게 되는 것이다.

◆ **유도하는:** 사람이나 물건을 목적한 장소나 방향으로 이끄는

▼▼ 글 내용 한눈에 보기 ●●●

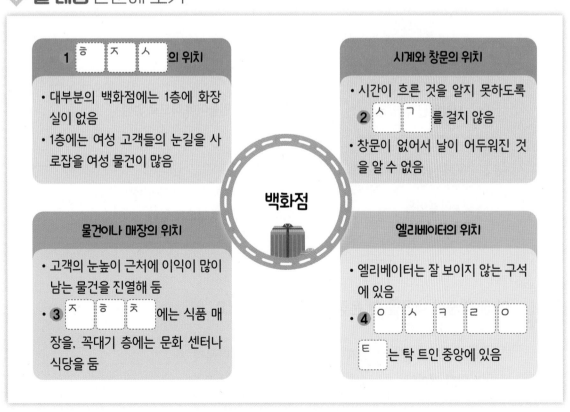

1 [ㅎ][ㅈ][ㅅ]의 위치
- 대부분의 백화점에는 1층에 화장실이 없음
- 1층에는 여성 고객들의 눈길을 사로잡을 여성 물건이 많음

시계와 창문의 위치
- 시간이 흐른 것을 알지 못하도록 **2 [ㅅ][ㄱ]**를 걸지 않음
- 창문이 없어서 날이 어두워진 것을 알 수 없음

물건이나 매장의 위치
- 고객의 눈높이 근처에 이익이 많이 남는 물건을 진열해 둠
- **3 [ㅈ][ㅎ][ㅊ]**에는 식품 매장을, 꼭대기 층에는 문화 센터나 식당을 둠

백화점

엘리베이터의 위치
- 엘리베이터는 잘 보이지 않는 구석에 있음
- **4 [ㅇ][ㅅ][ㅋ][ㄹ][ㅇ]**[ㅌ]는 탁 트인 중앙에 있음

글을 이해해요

내용 이해

01 백화점에 대한 설명으로 알맞지 <u>않은</u> 것은 무엇인가요?　　　　　[✎　　]

① 엘리베이터는 구석에 있다.
② 1층에는 주로 여성용 물건이 있다.
③ 식당가는 대부분 꼭대기 층에 있다.
④ 고객의 눈높이를 생각해 물건을 진열한다.
⑤ 화장실은 고객이 이용하기 편리하도록 1층에 있다.

내용 추론

02 물건을 많이 팔기 위한 백화점의 전략이 <u>아닌</u> 것은 무엇일까요?　　　[✎　　]

① 1층에 들어가면 좋은 향기가 나게 한다.
② 고객이 에스컬레이터를 이용하게 만든다.
③ 물건이 멋지게 보일 수 있는 조명을 사용한다.
④ 잘 팔려야 하는 물건은 고객의 발이 있는 쪽에 놓는다.
⑤ 느린 박자의 음악을 틀어 고객이 여유 있게 구경하게 한다.

내용 이해

03 다음은 백화점에 시계와 창문이 없는 이유를 정리한 것입니다. 빈칸에 들어갈 알맞은 말을 쓰세요.

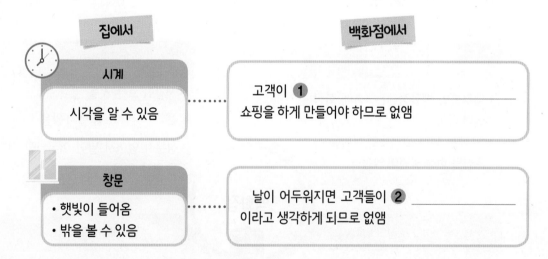

집에서

시계
시각을 알 수 있음

백화점에서

고객이 ❶ _____
쇼핑을 하게 만들어야 하므로 없앰

창문
• 햇빛이 들어옴
• 밖을 볼 수 있음

날이 어두워지면 고객들이 ❷ _____
이라고 생각하게 되므로 없앰

중심 내용 쓰기

04 이 글의 중심 내용을 한 문장으로 완성해 보세요.

'백화점의 비밀'이란 고객이 백화점에서 오래 머물러 ✎ _____
하기 위한 것이다.

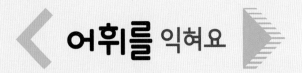
01 다음 낱말의 뜻을 찾아 바르게 연결해 보세요.

1 구조 •

2 원리 •

3 이익 •

• ㄱ 사물의 근본이 되는 이치

• ㄴ 물질적으로나 정신적으로 보탬이 되는 것

• ㄷ 부분이나 요소가 어떤 전체를 짜 이룸. 또는 그렇게 이루어진 얼개

02 제시된 뜻과 예문을 참고하여 다음 초성에 해당하는 낱말을 빈칸에 쓰세요.

1 [ㅈ][ㅈ]하다: 어떤 기준이나 상황에 맞게 정돈하다.

예 선생님께서 책상과 책상 사이의 간격을 (   )하셨다.

2 [ㅇ][ㄷ]하다: 사람이나 물건을 목적한 장소나 방향으로 이끌다.

예 점원은 손님이 신발을 신어 보도록 (   )하였다.

3 [ㅈ][ㅇ]하다: 여러 사람에게 보이기 위하여 물건을 죽 벌여 놓다.

예 나는 가게 앞에 예쁜 꽃들을 나란히 (   )해 두었다.

03 보기 에서 알맞은 낱말을 골라 다음 문장을 바르게 완성하세요.

보기

눈길   상품   배치하다   이용하다

1 친구의 예쁜 옷차림이 나의 [ ][ ]을 끌었다.

2 봄을 맞아 어머니는 집 안의 가구를 새롭게 [ ][ ]하셨다.

이런 식물도 있어

① 우리가 사는 세상에는 셀 수 없이 많은 종류의 식물들이 살고 있다. 이 중에는 우리가 평소에 보기 힘든 신기한 식물들도 있다. 크기가 엄청나게 큰 꽃, 거꾸로 뒤집힌 모습을 하고 있는 나무, 심지어 새끼를 낳거나 곤충을 먹는 식물들도 있다. 이러한 신기한 식물들에 대해 좀 더 자세히 알아보도록 하자.

② 인도네시아의 보르네오섬과 수마트라섬의 숲에 간다면 세상에서 가장 큰 꽃을 볼 수 있다. 바로 라플레시아라는 식물이다. 잎과 뿌리, 줄기가 없어 다른 식물에 붙어사는 라플레시아는 꽃의 지름만 무려 1m가 넘고, 무게는 10kg이 넘는다. 라플레시아는 커다란 꽃이 피는 데만 한 달이 걸리는데, 꽃은 일주일 정도 피었다가 시든다. 꽃이라고 해서 향기를 기대해서는 안 된다. 왜냐하면 라플레시아의 꽃은 향기가 나는 다른 꽃들과 달리 아주 고약한 냄새가 나기 때문이다.

③ 바오바브나무는 세상에서 가장 오래 사는 식물 중에 하나로 '생명의 나무'라고도 불린다. 바오바브나무는 줄기가 매우 굵고, 마치 나무를 거꾸로 뒤집어 놓아 나무뿌리가 위에 있는 것 같은 모습을 하고 있다. 바오바브나무는 비가 올 때와 안 올 때의 구분이 뚜렷한 아프리카 지역에서 자라는데, 이러한 환경에 적응하기 위해 물을 저장하는 줄기가 점점 굵어져 독특한 모양이 되었다. 바오바브나무는 소설 「어린 왕자」에 등장하기도 했다.

④ 새끼를 낳는 식물도 있다. 맹그로브는 열대 지역의 갯벌이나 바닷가에 산다. 맹그로브가 자라는 곳에는 물이 들어왔다 나갔다 하기 때문에 나무의 씨가 물에 떠내려가기 쉽다. 그래서 어미 나무는 씨를 땅에 바로 내려보내지 않고, 굵은 가지에 매달아 씨에서 뿌리가 날 때까지 키운다. 그리고 씨가 작은 나무의 형태로 자라면 그때 땅에 떨어뜨린다.

▲ 라플레시아(rafflesia)

▲ 바오바브나무(baobab)

▲ 맹그로브(mangrove)

5 곤충을 잡아먹는 무서운 식물도 있다. 네펜테스라는 식물은 잎의 끝부분이 물병 모양의 주머니처럼 생겼다. 여기서 달콤한 액체를 뿜어 각종 곤충을 끌어들인다. 주머니의 입구는 매우 미끄러우므로 작은 곤충이 빠지기 쉽다. 네펜테스는 곤충이 주머니에 들어오면 소화를 돕는 액체를 내뿜어 곤충을 먹는다. 네펜테스는 주로 인도네시아, 말레이시아에 있는 메마르고 척박한˙ 땅에서 자란다. 이 땅에는 뿌리를 깊게 내리기가 어렵기 때문에 영양분을 충분히 얻기 어렵다. 이 때문에 곤충을 통해 모자란 영양분을 채우는 것이다.

▲ 네펜테스(nepenthes)

◆ **지름**: 원이나 구 따위에서, 중심을 지나는 직선으로 그 둘레 위의 두 점을 이은 선분
◆ **척박한**: 땅이 기름지지 못하고 몹시 메마른

❯❯ 글 내용 한눈에 보기 ●●●

신기한 식물들

⬇

라플레시아	• 인도네시아의 보르네오섬과 수마트라섬의 숲에서 자람 • 꽃의 **1** [ㅈ][ㄹ]이 1m, 무게가 10kg이 넘음 • 다른 식물에 붙어살며 꽃은 고약한 냄새가 남
바오바브 나무	• 아프리카 지역에서 자라며, 세상에서 가장 오래 사는 식물 중에 하나임 • 나무 **2** [ㅈ][ㄱ]가 매우 굵고, 모양이 독특함
맹그로브	• 열대 지역의 갯벌이나 바닷가에서 자람 • **3** [ㅆ]가 작은 나무의 형태로 자라면 그때 땅으로 내려보냄
네펜테스	• 인도네시아, 말레이시아의 메마르고 척박한 땅에서 자람 • 물병 모양의 주머니처럼 생긴 잎의 끝부분에서 달콤한 액체를 뿜어 **4** [ㄱ][ㅊ]을 끌어들인 뒤 잡아먹음

글을 이해해요

내용 이해
01 이 글을 통해 알 수 있는 식물의 특징으로 알맞은 것은 무엇인가요? [✎]

① 라플레시아 꽃의 냄새는 고약하다.
② 바오바브나무의 뿌리는 줄기만큼 굵다.
③ 맹그로브는 북극처럼 추운 지역에서 산다.
④ 네펜테스는 세상에서 가장 큰 꽃을 피운다.
⑤ 라플레시아와 맹그로브는 모두 뿌리가 없다.

내용 추론
02 바오바브나무, 맹그로브, 네펜테스의 공통점을 알맞게 말한 사람은 누구인지 쓰세요. [✎]

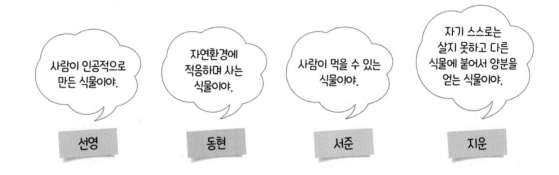

사람이 인공적으로 만든 식물이야. **선영**

자연환경에 적응하며 사는 식물이야. **동현**

사람이 먹을 수 있는 식물이야. **서준**

자기 스스로는 살지 못하고 다른 식물에 붙어서 양분을 얻는 식물이야. **지운**

내용 이해
03 빈칸에 들어갈 식물의 이름을 이 글에서 찾아 쓰세요.

> 대부분의 식물들은 물과 햇빛을 이용해 영양분을 만들어요. 하지만 메마른 땅에 살아서 영양분을 충분히 얻기 어려운 [_____]는 곤충을 잡아먹음으로써 부족한 영양분을 채워요.

중심 내용 쓰기
04 이 글의 중심 내용을 한 문장으로 완성해 보세요.

> 우리가 사는 세상에는 크기가 엄청나게 큰 꽃, 거꾸로 뒤집힌 모습을 하고 있는 나무, 심지어 ✎ _____ 신기한 식물들이 있다.

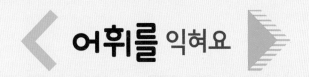

정답과 해설 11쪽

01 다음 낱말에 대한 설명이 맞으면 ◯, 틀리면 ✕ 표시를 하세요.

❶ '생명'은 동물과 식물의, 생물로서 살아 있게 하는 힘을 말한다. [◯ / ✕]

❷ '지름'은 원이나 구 따위에서, 중심을 지나는 직선으로 그 둘레 위의 두 점을 이은 선분을 말한다. [◯ / ✕]

❸ '액체'란 나무, 돌, 쇠, 얼음 등과 같이 일정한 모양과 부피가 있으며 쉽게 변형되지 않는 물질의 상태를 말한다. [◯ / ✕]

02 제시된 뜻과 예문을 참고하여 다음 초성에 해당하는 낱말을 빈칸에 쓰세요.

❶ [ㅊ][ㅂ]하다: 땅이 기름지지 못하고 몹시 메마르다.

예 이곳의 흙은 (   )해서 농사를 짓기 어렵다.

❷ [ㄱ][ㅇ]하다: 맛, 냄새 따위가 비위에 거슬리게 나쁘다.

예 더운 날씨 탓에 변한 음식의 냄새가 무척 (   )했다.

❸ [ㅈ][ㅇ]하다: 생물이 주위 환경에 적합하도록 형태 등이 변화하다.

예 남극의 펭귄은 추운 지역에 (   )하기 위해 몸의 지방층이 두꺼워졌다.

03 보기에서 알맞은 낱말을 골라 다음 문장을 바르게 완성하세요.

보기

| 구분 | 입구 | 등장하다 | 저장하다 |

❶ 놀이터 [   ][   ]에서 친구를 만나기로 약속했다.

❷ 장독은 간장, 된장, 고추장 등을 [   ][   ]해 두기 위한 그릇이다.

04 당신의 공공 예절은?

★ 비상이(visang2)

MENU

공익 광고로 이해하는
공공 예절

공공 예절의 의미

공공 예절을 잘 지켜야
하는 까닭

1 공익 광고로 이해하는 공공 예절

교통 약자 배려석에 앉아 있는 당신
💬 13

당신은 몇 살입니까?
💬 10

양보는 당연히!
💬 리

이 공익 광고는 공공장소에서 예절을 지키지 않고 있는 사람에게 "당신은 몇 살입니까?"라고 묻고 있다. 그 이유는 주변 사람들의 눈살을 찌푸리게 하는, 성숙하지 못한 행동을 하고 있기 때문이다. 이 광고는 교통 약자 배려석에 앉아 있는 사람을 지적하며, 자신보다 몸이 약하거나 신체가 불편한 사람에게 자리를 양보하는 성숙한 행동을 하자는 메시지를 전하고 있다. 그렇다면 공공 예절이란 무엇이며, 왜 공공 예절을 지켜야 하는지 알아보자.

2 공공 예절의 의미

우리 주변에는 도서관, 영화관, 공원, 놀이터, 음식점, 공중목욕탕 등 여러 사람이 함께 이용하기 위해 만들어진 곳이 있다. 이런 곳을 공공장소라고 한다. 그리고 이 공공장소는 여러 사람이 이용하는 곳이므로 서로 예절을 지켜야 하는데, 바로 이것을 공공 예절이라고 한다. 공공 예절은 사회 구성원 전체가 더 행복한 삶을 살기 위해 지키기로 한 약속이자, 일상생활에서 기본적으로 갖추어야 하는 예의이다. 평소에 자신은 공공 예절을 잘 지키고 있는지 스스로를 돌아보자.

❸ 공공 예절을 잘 지켜야 하는 까닭

수많은 사람이 이용하는 공공장소에서 자신이 하고 싶은 대로만 행동하는 사람이 있다면 어떨까? 아마도 주변 사람들은 불편함과 불쾌감을 느낄 것이고, 그 사람과 다투는 사람까지 생길지도 모른다. 공공 예절을 지키지 않는 사람이 늘어날수록 우리 사회는 무질서해지고, 다툼과 사고로 혼란스러워질 것이다. 그리고 이런 피해는 결국 우리 모두에게로 돌아올 것이다. 질서 있고 깨끗한 사회, 친절하고 아름다운 사회를 만드는 것은 사실 어렵지 않다. 상대방을 배려하고 존중하는 마음으로 공공 예절을 잘 지켜 나가면 된다. '나 하나쯤이야.' 하는 생각을 버리고 '나부터 실천하자.'라는 마음가짐으로 말이다.

 공유하기 | ♥ 좋아요 | 💬 댓글

≫ 글 내용 한눈에 보기 ●●●

❶ ㄱ ㄱ ㅈ ㅅ	공공 ❷ ㅇ ㅈ
• 여러 사람이 함께 이용하기 위해 만들어진 곳 • 도서관, 영화관, 공원, 놀이터, 음식점, 공중목욕탕 등	• 공공장소에서 사회 구성원 전체가 더 행복한 삶을 살기 위해 지키기로 한 ❸ ㅇ ㅅ • 일상생활에서 기본적으로 갖추어야 할 예의

공공 예절을 지켜야 하는 까닭

• 공공 예절을 지키지 않으면 주변 사람에게 불편함, 불쾌감을 줄 수 있기 때문에
• 공공 예절을 지키지 않으면 우리 사회가 무질서해지고, 다툼과 사고가 생길 수 있기 때문에
• 공공 예절을 지키면 ❹ ㅈ ㅅ 있고 깨끗한 사회, 친절하고 아름다운 사회를 만들 수 있기 때문에

글을 이해해요

내용 이해

01 공공 예절을 지켜야 하는 이유로 보기 <u>어려운</u> 것은 무엇인가요?

① 공공 예절을 지키지 않으면 주변에 불편을 주기 때문에
② 공공 예절을 잘 지킬수록 질서 있고 깨끗한 사회가 되기 때문에
③ 공공 예절을 지키지 않아 생긴 피해는 결국 자신에게 돌아오기 때문에
④ 공공 예절을 잘 지킬수록 공공장소를 자신의 것으로 만들 수 있기 때문에
⑤ 공공 예절을 지키지 않으면 불필요한 다툼과 사고가 생길 수 있기 때문에

내용 추론

02 공공 예절을 잘 지킨 모습으로 알맞은 것은 무엇일까요?

① 음식점에서 큰소리를 내거나 뛰어다니는 경우
② 길거리나 공원에 쓰레기를 함부로 버리는 경우
③ 반려동물과 산책할 때 목줄을 매지 않고 다니는 경우
④ 지하철에서 내리는 사람이 먼저 내리기를 기다리는 경우
⑤ 영화관에서 상영 중에 휴대 전화를 켜고 문자를 하는 경우

내용 추론

03 다음 그림 속 친구에게 공공 예절을 잘 지키라는 의미로 스티커를 붙여 주려고 할 때, 알맞은 것은 무엇일까요?

① 떠들지 않기
② 손대지 않기
③ 뛰어다니지 않기
④ 사진 찍지 않기
⑤ 새치기하지 않기

중심 내용 쓰기

04 이 글의 중심 내용을 한 문장으로 완성해 보세요.

질서 있고 깨끗한 사회, 친절하고 아름다운 사회를 만들기 위해 상대방을 배려하고 존중하는 마음으로 _____ 한다.

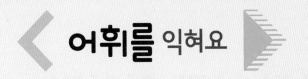

정답과 해설 13쪽

01 다음 낱말의 뜻을 찾아 바르게 연결해 보세요.

1 공공 •

2 질서 •

3 피해 •

• ㉠ 국가나 사회의 구성원에게 두루 관계되는 것

• ㉡ 생명이나 신체, 재산, 명예 따위에 손해를 입음

• ㉢ 혼란 없이 순조롭게 이루어지게 하는 사물의 순서나 차례

02 제시된 뜻과 예문을 참고하여 다음 초성에 해당하는 낱말을 빈칸에 쓰세요.

1 ㅅㅊ 하다: 생각한 바를 실제로 행하다.

　예 나는 이번 방학에 세운 계획을 모두 (　　　　)하지는 못했다.

2 ㅇㅇ 하다: 대상을 필요에 따라 이롭게 쓰다.

　예 우리 학교 도서관은 우리 학교 학생이라면 누구나 (　　　　)할 수 있다.

3 ㅎㄹ 스럽다: 보기에 뒤죽박죽이 되어 어지럽고 질서가 없는 데가 있다.

　예 눈이 너무 많이 내려 도로 교통이 매우 (　　　　)스럽다.

03 다음 문장의 괄호 안에 들어갈 알맞은 낱말을 골라 보세요.

1 [공익 / 사익]이란 사회 전체의 이익을 뜻하는 말이다.

2 우리 모두가 다 함께 행복하게 살기 위해서는 서로를 [배려 / 배제]하는 자세가 필요하다.

3 벼가 익을수록 고개를 숙이는 것처럼, 사람은 [방자 / 성숙]할수록 겸손한 태도를 보여야 한다.

만덕 할망 이야기

1 1739년, 만덕은 제주에서 양민의 딸로 태어났다. 열두 살 때 부모를 모두 잃은 만덕은 배고픔을 견디기 위해 기생의 수양딸이 되어 기생으로 살아가게 되었다. 그녀는 미모와 재주로 제주에서 가장 유명한 기생이 되었지만, 기생과 같은 천민의 신분으로는 자신의 삶을 개척하며 살 수가 없었다. 더 이상 기생으로 살고 싶지 않았던 만덕은 스무 살이 되던 해 관아를 찾아가 자신이 일찍 부모를 잃고 어쩔 수 없이 기생이 되었음을 호소하였다. 마침내 본래의 양민 신분을 회복한 만덕은 평생을 제주의 사람들을 위해 살겠다고 다짐하였다.

2 양민이 된 뒤 장사에 뛰어든 만덕은 해상 교통의 중심인 포구에 객주를 차렸다. 만덕의 장사에는 원칙이 있었다. 첫 번째 원칙은 '싸게, 많이 파는 것'이다. 하나하나의 이익은 적게 보는 대신, 많이 팔아서 큰 이익을 남긴다는 것이다. 만덕은 제주의 양반집 부녀자들이나 기생들에게는 육지 물건인 옷감, 장신구, 화장품 등을, 육지 사람들에게는 제주의 특산물인 귤, 전복, 말총 등을 싼 가격에 팔았고 점차 그 양을 늘려 나가며 큰 이익을 남겼다. 두 번째 원칙은 '알맞은 가격으로 사고파는 것'이다. 만덕은 물건을 무조건 비싸게 팔아서 이익을 남기는 것이 아니라, 사는 사람과 파는 사람 모두에게 알맞은 가격을 정해 장사를 하였다. 세 번째 원칙은 '정직한 믿음을 파는 것'이다. 즉 믿음을 바탕으로 거래를 한다는 것으로, 만덕은 정직한 신용을 철저하게 지키면서 거래를 하였다. 그렇게 해서 만덕은 자신의 포구와 선박까지 소유하게 되었고, 제주에서 으뜸가는 부자가 되었다.

3 만덕은 많은 재산을 모은 뒤에도 늘 검소하게 살았다. 풍년에는 흉년을 생각해 절약하고, 편안하게 사는 사람은 고생하는 사람을 생각해 하늘의 은혜에 감사하며 검소하게 살아야 한다는 생각을 실천한 것이었다. 그러던 어느 해, 4년여에 걸친 흉년으로 제주 사람들이 굶어 죽을 처지에 놓이게 되었다. 임금은 제주로 급히 쌀을 보냈지만, 쌀을 실은 배가 폭풍을 만나 가라앉으면서 결국 많은 사람들이 굶어 죽게 되었다. 이를 본 만덕은 평생 모은 재산으로 육지에서 500여 석의 쌀을 사서 관아로 가져갔다.

"이 쌀을 사람들에게 모두 나누어 주세요."

만덕이 나누어 준 쌀 덕분에 제주 사람들은 목숨을 구할 수 있었다.

4 만덕의 선행은 궁궐에 있는 임금에게까지 전해졌다. 이에 감동한 임금은 만덕에게 어떤 소원이든 들어주겠다고 하였고, 만덕은 한양에 가서 임금을 만나고 금강산을 구경하는

것이 소원이라고 말하였다. 당시 제주 여성이 제주를 벗어나 육지로 가는 것은 법으로 금지된 상황이었지만, 임금은 특별히 이를 허락해 주었다. 그리고 임금의 명으로 만덕의 이야기는「만덕전」이라는 책으로 기록되었다. 여성으로 살아가기에 제약이 많았던 조선 시대에 당당히 역사에 이름을 남긴 김만덕. 지금도 제주에서는 아이들에게 "만덕 할망처럼 살아라."라고 할 정도로 만덕은 여전히 존경받는 인물로 남아 있다.

◆ **양민**: 조선 시대에, 양반과 천민의 중간 신분으로 천한 일에 종사하지 아니하던 백성
◆ **포구**: 배가 드나드는 개(강이나 내에 바닷물이 드나드는 곳)의 어귀
◆ **객주**: 조선 시대에, 다른 지역에서 온 상인들의 거처를 제공하며 물건을 맡아 팔거나 흥정을 붙여 주는 일을 하던 집
◆ **제약**: 조건을 붙여 내용을 제한함. 또는 그 조건

❤ 글 내용 한눈에 보기 ●●●

어린 시절의 만덕
• 양민의 딸로 태어났으나 열두 살 때 부모를 모두 잃고 ❶ [ㄱ][ㅅ]으로 살아감
• 스무 살이 되던 해 관아에 호소하여 본래의 양민 신분을 회복함

자신만의 원칙으로 장사한 만덕
• '싸게, 많이 파는 것', '알맞은 가격으로 사고파는 것', '정직한 ❷ [ㅁ][ㅇ]을 파는 것'이라는 원칙으로 장사를 함
• 제주에서 으뜸가는 부자가 됨

김만덕의 삶

나눔을 실천한 만덕
평생 모은 재산으로 ❸ [ㅆ]을 사서 흉년으로 굶어 죽게 된 제주 사람들의 목숨을 살림

소원을 이루고 역사에 기록된 만덕
• 한양에 가서 ❹ [ㅇ][ㄱ]을 만나고 금강산을 구경하고 싶다는 소원을 이룸
•「만덕전」이라는 책으로 기록됨

내용 이해

01 만덕에 대한 설명이 맞으면 ◯, 틀리면 ✕ 표시를 하세요.

1 만덕은 제주에서 천민으로 태어났다. [◯ / ✕]

2 만덕은 자신이 평생 모은 재산을 제주 사람들을 구하기 위해 썼다. [◯ / ✕]

3 만덕은 제주를 벗어나 육지로 가서 임금을 만나고 금강산을 구경한 특별한 여성이었다.

[◯ / ✕]

내용 이해

02 장사에 뛰어든 만덕이 지켰던 원칙으로 알맞은 것은 무엇인가요? [✎]

① 물건을 무조건 비싸게 팔았다.

② 정직한 신용을 철저하게 지키면서 거래를 하였다.

③ 제주 양반집 부녀자들에게 제주의 특산물을 팔았다.

④ 단 하나의 물건을 팔더라도 큰 이익을 남길 수 있는 방법으로 팔았다.

⑤ 물건을 파는 사람보다는 물건을 사는 사람에게 알맞은 가격으로 팔았다.

내용 추론

03 "만덕 할망처럼 살아라."라는 말의 뜻으로 알맞지 <u>않은</u> 것은 무엇일까요?

[✎]

① 항상 검소하게 살아라.

② 시대의 한계를 받아들여라.

③ 자신의 삶을 주체적으로 살아라.

④ 새로운 것에 과감히 도전하여라.

⑤ 어려운 사람에게 베풀고 나누어라.

중심 내용 쓰기

04 이 글의 중심 내용을 한 문장으로 완성해 보세요.

> 만덕은 장사를 하여 평생 모은 재산으로 육지에서 ✎ _____
> 흉년으로 굶어 죽게 된 제주 사람들에게 나누어 주는 선행을 베풀어 지금까지 제주에
> 서 존경받는 인물로 남아 있다.

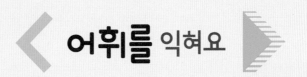
01 다음 낱말의 뜻을 찾아 바르게 연결해 보세요.

1 거래 •
2 양민 •
3 은혜 •

• ㄱ 주고받음. 또는 사고팖

• ㄴ 고맙게 베풀어 주는 신세나 혜택

• ㄷ 조선 시대에, 양반과 천민의 중간 신분으로 천한 일에 종사하지 아니하던 백성

02 제시된 뜻과 예문을 참고하여 다음 초성에 해당하는 낱말을 빈칸에 쓰세요.

1 ㅅ ㅎ : 착하고 어진 행실

예 학생의 (   )이 알려지자, 많은 사람들이 크게 감동하였다.

2 ㅌ ㅅ ㅁ : 어떤 지역에서 특별히 생산되어 나오는 물건

예 모시는 충청남도 서천군 한산 지역의 (   )로 유명하다.

3 ㄱ ㅊ 하다: 새로운 영역, 운명, 진로 따위를 처음으로 열어 나가다.

예 이 회사는 사업을 확장하기 위해 해외 시장을 (   )하고 있다.

03 다음 문장의 괄호 안에 들어갈 알맞은 낱말을 골라 보세요.

1 [객주 / 포구]에는 고깃배 여러 척이 머물러 있다.

2 단체 생활은 혼자 생활하는 것보다 행동에 [길목 / 제약]이 많다.

3 약속을 밥 먹듯이 어기는 사람은 결국 주변 사람들의 [소원 / 신용]을 잃게 된다.

에티오피아에서 온 편지

1 한국 친구들에게.

한국에 사는 친구들, 안녕? 나는 아프리카의 에티오피아에 살고 있는 온두레아라고 해. 나는 아프리카의 기아 문제 해결을 위해 자원봉사자로 일하고 있어. 내가 살고 있는 에티오피아를 비롯해서 아프리카의 많은 나라가 영양실조로 고통받고 있어. 갑작스러운 내 편지에 당황스럽겠지만 이 편지를 읽으며 나와 내가 만나는 사람들에 대해 생각해 줬으면 좋겠어.

2 에티오피아는 가뭄과 전쟁 때문에 많은 사람이 굶주리고 있어. 특히 유아 사망률이 매우 높고, 어린이 3명 중 1명이 영양실조 상태야. 어린이는 연약하기 때문에 굶주림으로 인한 피해를 크게 입는다고 해. 에티오피아뿐만 아니라 현재 전 세계 인구의 8명 중 1명꼴로 영양실조를 겪고 있어. 특히 아프리카 지역에 그런 사람들이 많이 살고 있지.

3 나는 이런 현실이 원망스럽고 슬퍼. 한국 돈 250원이면 우리나라에서는 한 아이가 건강하게 성장할 수 있는 하루치의 음식을 얻을 수 있어. 하지만 그 정도의 음식도 먹지 못해서 5초에 1명씩 어린이가 죽어 가고 있어. 또 전 세계 옥수수의 4분의 1을 부유한 나라의 소가 사료로 먹는데, 한편에서는 먹을 것이 없어 4분마다 1명의 어린이가 시력을 잃고 있지.

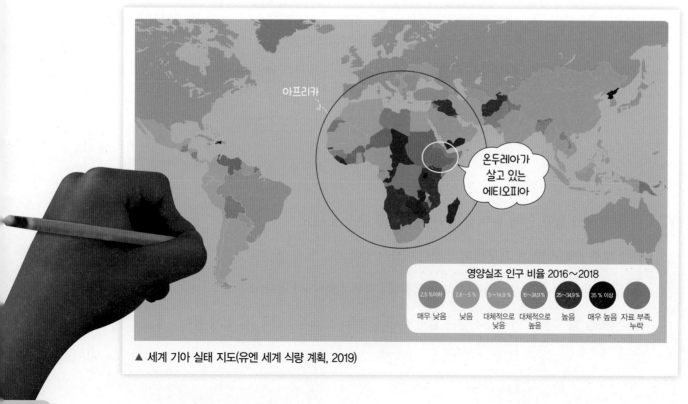

▲ 세계 기아 실태 지도(유엔 세계 식량 계획, 2019)

④ 지금 당장 굶주림에 고통받는 사람들을 모두 구할 수는 없다는 걸 알고 있어. 하지만 우리가 함께 힘을 모아 노력하면 기아 문제를 해결할 수 있으리라 믿어. 한국 친구들이 우리의 이러한 상황을 알았으면 좋겠어. 세계 곳곳에서 굶주리고 있는 사람들에게 따뜻한 시선을 보내고, 관심을 기울였으면 해. 더 이상 지구상에 굶주림으로 고통받는 사람들이 없었으면 좋겠어.

지금까지 내 편지를 읽어 줘서 고마워. 그럼 잘 있어.

20○○년 ○월 ○일
에티오피아에 사는 온두레아 씀.

◆ **기아**: 먹을 것이 없어 배를 곯는 것
◆ **영양실조**: 영양소의 부족으로 일어나는 신체의 이상 상태

❯❯ 글 내용 한눈에 보기 ●●●

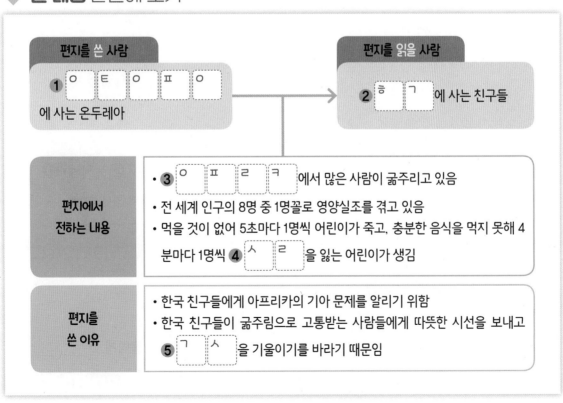

편지를 **쓴** 사람	편지를 **읽을** 사람
❶ ㅇㅌㅇㅍㅇ 에 사는 온두레아	❷ ㅎㄱ 에 사는 친구들

편지에서 전하는 내용	• ❸ ㅇㅍㄹㅋ 에서 많은 사람이 굶주리고 있음 • 전 세계 인구의 8명 중 1명꼴로 영양실조를 겪고 있음 • 먹을 것이 없어 5초마다 1명씩 어린이가 죽고, 충분한 음식을 먹지 못해 4분마다 1명씩 ❹ ㅅㄹ 을 잃는 어린이가 생김
편지를 쓴 이유	• 한국 친구들에게 아프리카의 기아 문제를 알리기 위함 • 한국 친구들이 굶주림으로 고통받는 사람들에게 따뜻한 시선을 보내고 ❺ ㄱㅅ 을 기울이기를 바라기 때문임

글을 이해해요

내용 이해

01 에티오피아에 대한 설명으로 알맞은 것은 무엇인가요? [✐   ]

① 모든 어린이가 영양실조를 겪고 있다.

② 아프리카에서 가장 부유한 나라이다.

③ 어른의 사망률이 특히 높은 나라이다.

④ 가뭄과 전쟁으로 많은 사람이 굶주리고 있다.

⑤ 한국 돈 250원으로 열흘치의 식량을 살 수 있다.

내용 추론

02 이 글에서 알 수 있는 내용으로 알맞지 <u>않은</u> 것은 무엇일까요? [✐   ]

① 어른이 어린이보다 굶주림의 피해를 크게 입는다.

② 부유한 나라와 가난한 나라의 빈부 차이가 매우 크다.

③ 세계 곳곳의 굶주리는 사람들에게 관심을 기울여야 한다.

④ 어린이가 건강하게 성장하려면 충분한 영양분을 섭취해야 한다.

⑤ 지구상의 사람들이 함께 힘을 모으면 기아 문제를 해결할 수 있다.

내용 이해

03 이 글의 내용으로 볼 때, 기아 문제가 가장 심각한 지역은 어디인가요? [✐   ]

① 유럽
② 아프리카
③ 동남아시아
④ 북아메리카
⑤ 남아메리카

중심 내용 쓰기

04 이 글의 중심 내용을 한 문장으로 완성해 보세요.

> 온두레아는 한국 친구들이 세계 곳곳에서 굶주리고 있는 사람들에게 ✐_____
> _____ 바란다.

30

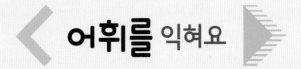

01 다음 낱말의 뜻을 찾아 바르게 연결해 보세요.

1 기아	•	•	ㄱ 가축에게 주는 먹을거리
2 사료	•	•	ㄴ 먹을 것이 없어 배를 곯는 것
3 시력	•	•	ㄷ 물체의 존재나 모양, 상태 등을 분별하고 판단하는 눈의 능력

02 제시된 뜻과 예문을 참고하여 다음 초성에 해당하는 낱말을 빈칸에 쓰세요.

1 ㅇ ㅇ 하다: 무르고 약하다.

예 이 화장품은 (   )한 아기 피부를 위해 천연 성분만 사용하였다.

2 ㅂ ㅇ 하다: 재물이 넉넉하다.

예 그는 평생을 모자란 것 없이 (   )하게 살아왔다.

3 ㅂ ㄹ 하다: 여럿 가운데서 앞의 것을 첫째로 삼아 그것을 중심으로 다른 것도 포함하다.

예 정원에는 장미를 (   )하여 온갖 꽃들이 피어 있었다.

03 다음 문장에 들어갈 알맞은 낱말을 보기에서 찾아 쓰세요.

> **보기**
>
> 관심   상황   해결   현실

1 요즘 따라 형이 부쩍 외모에 [   ][   ]을 기울이는 것 같다.

2 그녀는 오랫동안 지녀 온 작가의 꿈을 [   ][   ]로 이루기 위해 노력하고 있다.

07 우리는 형제, 다이아몬드와 연필심

1 값비싼 보석의 대명사인 다이아몬드가 우리 주변에서 흔하고 평범하게 쓰이는 연필심과 형제라는 사실, 알고 있는가? 다이아몬드는 투명하고 아름답게 빛나는 보석이다. 게다가 세계에서 가장 단단하다. 그런데 연필심은 까만색이고 아주 쉽게 부러진다. 이처럼 겉모습도 다르고 강도도 다른 ㄱ 다이아몬드와 연필심을 왜 형제라고 하는지 함께 살펴보자.

2 어떤 물건을 아주 잘게 쪼개면 그 물건이 어떤 성분으로 이루어졌는지 알 수 있다. 연필심은 흑연이라고도 부르는데, 사실 이 흑연과 다이아몬드는 똑같은 물질인 '탄소'라는 성분으로만 이루어져 있다. 즉 이 둘은 같은 성분을 가진 '탄소 형제'라고 할 수 있다. 그렇다면 똑같이 탄소로 이루어져 있는데도 다이아몬드와 연필심은 왜 이렇게 다른 모습일까? 그 이유는 탄소가 결합된 모양이 다르기 때문이다.

3 다이아몬드 속의 모든 탄소 원자는 다른 4개의 탄소 원자들과 결합하여 촘촘한 그물 모양을 이룬다. 이러한 결합은 매우 단단하여 잘 끊어지지 않는다. 다이아몬드가 매우 단단할 수 있는 이유가 바로 여기에 있다. 반면 연필심 속의 모든 탄소 원자는 다른 3개의 탄소 원자들과 결합하여 육각형의 벌집 모양을 이룬다. 마치 얇은 판과 같은 형태가 되는데, 이러한 결합은 다이아몬드와 달리 위아래 판 사이의 결합이 약해서 쉽게 깨지게 된다. 그래서 연필심은 칼로 쉽게 깎이고, 또 쉽게 부러지는 것이다.

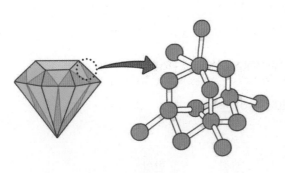

▲ 다이아몬드의 원자 구조

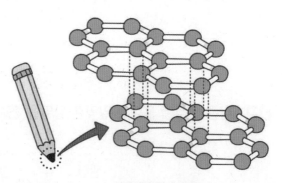

▲ 연필심의 원자 구조

4 그렇다면 혹시 연필심을 다이아몬드로 변화시킬 수는 없을까? 사실 천연 다이아몬드는 지구 내부에 있는 흑연으로부터 만들어진다. 지구 내부의 매우 높은 열과 압력 때문에 흑연 속 탄소의 결합 구조가 바뀌어 다이아몬드가 되는 것이다. 그래서 사람들은 흑연으로 인조 다이아몬드를 만들기 위해 노력했고, 결국 1950년대에 미국에서 처음으로 다이아몬

드를 만들어 내었다. 이후 기술은 더욱 발전해 지금은 좀 더 낮은 온도, 낮은 압력에서 다이아몬드를 만들어 내는 기술들이 개발되고 있다. 이렇게 만들어진 다이아몬드는 아쉽게도 보석으로서의 가치는 없지만, 공업에서 널리 사용되고 있다.

◆ **대명사**: 어떤 속성을 대표적으로 나타내는 것을 비유적으로 이르는 말
◆ **강도**: 센 정도
◆ **원자**: 물질의 기본적 구성 단위. 하나의 핵과 이를 둘러싼 여러 개의 전자로 구성되어 있음
◆ **인조**: 사람이 만듦. 또는 그런 물건

❯❯ 글 내용 한눈에 보기 ●●●

다이아몬드
- ❷ ⬜ㅌ ⬜ㅁ 하고 아름답게 빛남
- 세계에서 가장 단단함

❶ ⬜ㅇ ⬜ㅍ ⬜ㅅ
- 까만색임
- 아주 쉽게 부러짐

공통점 ❸ ⬜ㅌ ⬜ㅅ 라는 성분으로만 이루어짐

차이점 탄소가 결합된 모양이 다름

다이아몬드 속 탄소 원자의 결합 구조
- 모든 탄소 원자는 다른 4개의 탄소 원자들과 결합하여 촘촘한 ❹ ⬜ㄱ ⬜ㅁ 모양을 이룸
- 결합이 매우 단단하여 잘 끊어지지 않음

연필심 속 탄소 원자의 결합 구조
- 모든 탄소 원자는 다른 3개의 탄소 원자들과 결합하여 육각형의 ❺ ⬜ㅂ ⬜ㅈ 모양을 이루며, 마치 얇은 판과 같은 형태임
- 결합이 약해서 쉽게 깨지게 됨

글을 이해해요

내용 이해
01 다이아몬드에 대한 설명이 맞으면 ○, 틀리면 ✕ 표시를 하세요.

1 다이아몬드는 모든 탄소 원자가 다른 2개의 탄소 원자와 결합한 것이다. [○ / ✕]

2 천연 다이아몬드는 지구 속 흑연이 매우 높은 열과 압력을 받아 만들어진다. [○ / ✕]

내용 이해
02 이 글에서 알 수 있는 내용으로 알맞지 <u>않은</u> 것은 무엇인가요? [✎   ]

① 다이아몬드는 보석이다.
② 연필심은 흑연이라고도 부른다.
③ 다이아몬드는 투명하고 빛난다.
④ 다이아몬드는 연필심보다 더 단단하다.
⑤ 연필심으로는 다이아몬드를 만들 수 없다.

내용 추론
03 이 글을 통해 답을 찾을 수 <u>없는</u> 질문은 무엇일까요? [✎   ]

① 천연 다이아몬드는 어떻게 만들어질까?
② 연필심의 색깔이 까만 이유는 무엇일까?
③ 연필심이 쉽게 부러지는 이유는 무엇일까?
④ 다이아몬드와 연필심의 차이점은 무엇일까?
⑤ 다이아몬드 속 탄소가 결합된 모양은 어떠할까?

내용 추론
04 ㉠의 이유로 알맞은 것은 무엇일까요? [✎   ]

① 다이아몬드와 연필심의 성분이 서로 같기 때문이다.
② 다이아몬드와 연필심은 같은 나라에서 만들어지기 때문이다.
③ 다이아몬드와 연필심 속 탄소가 결합된 모양이 같기 때문이다.
④ 다이아몬드와 연필심은 인간의 삶에 반드시 필요하기 때문이다.
⑤ 다이아몬드와 연필심은 둘 다 자연에서만 만들어지기 때문이다.

중심 내용 쓰기
05 이 글의 중심 내용을 한 문장으로 완성해 보세요.

연필심과 다이아몬드는 둘 다 ✎＿＿＿＿＿＿＿＿＿＿＿＿ 이루어져 있지만,
✎＿＿＿＿＿＿＿＿＿＿＿＿ 이 다르기 때문에 겉모습과 강도 등 차이점이 많다.

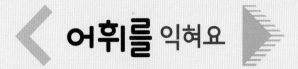

01 다음 낱말의 뜻을 찾아 바르게 연결해 보세요.

1 공업 •

2 인조 •

3 천연 •

• ㉠ 사람이 만듦. 또는 그런 물건

• ㉡ 사람의 힘을 가하지 아니한 상태

• ㉢ 원료를 가공하여 유용한 물자를 만드는 산업

02 제시된 뜻과 예문을 참고하여 다음 초성에 해당하는 낱말을 빈칸에 쓰세요.

1 ㄱ ㄷ : 센 정도

예 빛의 (　　　　)가 너무 세서 눈이 많이 부셨다.

2 ㄱ ㅊ : 사물이 지니고 있는 쓸모

예 이 책은 읽을 만한 (　　　　)가 있다.

3 ㄷ ㅁ ㅅ : 어떤 속성을 대표적으로 나타내는 것을 비유적으로 이르는 말

예 김치와 불고기는 한국 음식의 (　　　　)라고 볼 수 있다.

03 보기에서 알맞은 낱말을 골라 다음 문장을 바르게 완성하세요.

보기

기술　　　　성분　　　　결합하다　　　　발전하다

1 만화는 그림과 글이 [　　]한 창작물이다.

2 멸치에는 칼슘 [　　]이 많으므로 뼈를 튼튼하게 하기 위해 챙겨 먹는 것이 좋다.

08 돈에는 누가?

❶ "사람은 죽으면 이름을 남기고, 범은 죽으면 가죽을 남긴다."라는 속담이 있다. 사람은 살아 있는 동안 훌륭한 일을 하여 후세에 명성을 널리 알려야 한다는 뜻이다. 그렇다면 세상 사람들에게 이름을 남길 수 있는 방법에는 무엇이 있을까? 수많은 사람이 사용하는 돈에 얼굴이 그려져 있다면 모두가 그 사람을 기억할 것이다. 대부분의 나라에서는 화폐를 만들 때 위인의 얼굴을 사용한다. 위대한 업적을 쌓은 인물을 기억하기 위해서이다.

❷ 화폐에 등장하는 인물에는 대통령이나 정치가가 많다. 세계에서 가장 많이 사용되는 화폐인 미국의 달러도 마찬가지이다. 미국에서 사용되는 지폐는 1·2·5·10·20·50·100달러이다. 이 중 10·100달러를 제외한 나머지 지폐에는 대통령의 얼굴이 그려져 있다. 미국의 초대 대통령인 '조지 워싱턴', 제3대 대통령인 '토머스 제퍼슨', 제16대 대통령인 '에이브러햄 링컨'과 같은 사람들이 등장한다. 그렇다면 100달러에 담긴 인물은 누구일까? '벤저민 프랭클린'이라는 사람이다. 그는 미국을 세우는 데 커다란 기여를 한 정치가이자 피뢰침, 이중 초점 렌즈 등을 개발한 과학자이기도 하다.

❸ 인도, 중국, 터키 등도 대통령이나 정치가의 얼굴을 화폐에 담았다. 이 세 나라의 공통점은 지폐의 단위와 상관없이 동일 인물이 지폐에 등장한다는 것이다. 인도의 화폐 단위는 루피로, '마하트마 간디'의 얼굴이 모든 지폐에 그려져 있다. 그는 인도가 영국의 지배를 받았을 때 평화적인 방법으로 영국의 지배에서 벗어나기 위해 노력한 인물이다. 중국의 화폐 단위는 위안으로, 중국 인민 공화국을 건국한 초대 주석인 '마오쩌둥'의 얼굴이 모든 지폐에 그려져 있다. 터키의 화폐 단위는 리라로, '무스타파 케말'의 얼굴이 모든 지폐에 그려져 있다. 그는 터키의 초대 대통령으로 터키의 아버지라고 불린다.

❹ 그렇다면 우리나라의 화폐에는 누가 있을까? 우리나라의 화폐 단위는 원이며, 지폐에는 정치가, 학자, 예술가 등이 등장한다. 5만 원권에는 신사임당이 그려져 있다. 신

사임당은 시, 글, 그림에 뛰어났던 예술가이자 5천 원권 지폐에 등장하는 대학자 율곡 이이의 어머니이기도 하다. 1만 원권에는 세종 대왕이 그려져 있다. 세종 대왕은 한글 창제 등의 위대한 업적을 남긴 왕이다. 1천 원권에는 정치가이자 학자였던 퇴계 이황이 등장한다. 우리나라의 지폐에서는 이처럼 조선 시대의 위인들의 모습을 볼 수 있다.

◆ **후세**: 다음에 오는 세상. 또는 다음 세대의 사람들
◆ **명성**: 세상에 널리 퍼져 사람들의 평가가 높은 이름
◆ **피뢰침**: 벼락의 피해를 막기 위하여 건물의 가장 높은 곳에 세우는, 끝이 뾰족한 금속으로 만든 막대기
◆ **주석**: 일부 국가에서 국가나 정당 따위의 최고 직위. 또는 그 직위에 있는 사람

❱❱ 글 내용 한눈에 보기 •••

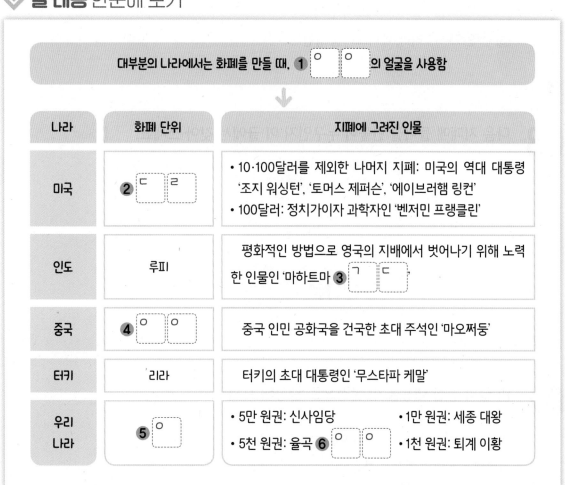

대부분의 나라에서는 화폐를 만들 때, **❶** [ㅇ][ㅇ]의 얼굴을 사용함

나라	화폐 단위	지폐에 그려진 인물
미국	**❷** [ㄷ][ㄹ]	• 10·100달러를 제외한 나머지 지폐: 미국의 역대 대통령 '조지 워싱턴', '토머스 제퍼슨', '에이브러햄 링컨' • 100달러: 정치가이자 과학자인 '벤저민 프랭클린'
인도	루피	평화적인 방법으로 영국의 지배에서 벗어나기 위해 노력한 인물인 '마하트마 **❸** [ㄱ][ㄷ]'
중국	**❹** [ㅇ][ㅇ]	중국 인민 공화국을 건국한 초대 주석인 '마오쩌둥'
터키	리라	터키의 초대 대통령인 '무스타파 케말'
우리 나라	**❺** [ㅇ]	• 5만 원권: 신사임당 • 1만 원권: 세종 대왕 • 5천 원권: 율곡 **❻** [ㅇ][ㅇ] • 1천 원권: 퇴계 이황

내용 이해

01 이 글의 내용으로 알맞지 <u>않은</u> 것은 무엇인가요? [✎   ]

① 미국의 지폐에는 역대 대통령만 그려져 있다.

② 화폐에는 주로 대통령이나 정치가가 등장한다.

③ 세계에서 가장 많이 사용되는 화폐는 달러이다.

④ 우리나라 지폐에는 여러 위인의 얼굴이 담겨 있다.

⑤ 모든 단위의 리라 지폐에서는 같은 사람의 얼굴을 볼 수 있다.

내용 이해

02 각 나라의 화폐 단위와 지폐에 그려진 인물이 바르게 연결된 것은 무엇인가요?

[✎   ]

① **우리나라** 원, 단군 왕검

② **중국** 위안, 마오쩌둥

③ **터키** 루피, 무스타파 케말

④ **미국** 달러, 마하트마 간디

⑤ **인도** 리라, 에이브러햄 링컨

내용 추론

03 다음 지폐에 들어갈 인물이 누구인지 이 글에서 찾아 쓰세요. [✎   ]

중심 내용 쓰기

04 이 글의 중심 내용을 한 문장으로 완성해 보세요.

대부분의 나라에서는 화폐를 만들 때, ✎＿＿＿＿＿＿＿＿＿＿＿＿＿＿

위해서 위인의 얼굴을 사용한다.

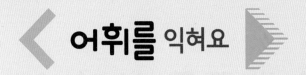
01 다음 낱말의 뜻을 찾아 바르게 연결해 보세요.

1 명성 •

2 주석 •

3 후세 •

• ㉠ 다음에 오는 세상. 또는 다음 세대의 사람들

• ㉡ 세상에 널리 퍼져 사람들의 평가가 높은 이름

• ㉢ 일부 국가에서 국가나 정당 따위의 최고 직위. 또는 그 직위에 있는 사람

02 제시된 뜻과 예문을 참고하여 다음 초성에 해당하는 낱말을 빈칸에 쓰세요.

1 ㄱ ㅇ : 도움이 되도록 이바지함

예 예지는 우리 반의 승리에 큰 (   )를 한 선수이다.

2 ㅇ ㅈ : 어떤 사업이나 연구 따위에서 세운 공적

예 문학사에서 그분의 (   )은 역사에 길이 남을 것이다.

3 ㅊ ㄷ : 차례로 이어 나가는 자리나 지위에서 그 첫 번째에 해당하는 차례. 또는 그런 사람

예 그는 회사를 설립하는 데 기여한 공로를 인정받아 (   ) 사장이 되었다.

03 보기에서 알맞은 낱말을 골라 다음 문장을 바르게 완성하세요.

보기
　　　　　지배　　　　창제　　　　건국하다　　　　위대하다

1 이성계는 조선을 [　][　]한 뒤 수도를 한양으로 옮겼다.

2 왕족이나 귀족과 같은 [　][　] 계급은 노비와 개인 병사까지 거느리며 호화로운 생활을 했다.

세계 1등을 찾아라

1

- 세계에서 가장 무거운 사람의 몸무게는 얼마나 될까? 〉 635kg
- 세계에서 가장 키가 큰 사람의 키는 얼마나 될까? 〉 251cm
- 세계에서 가장 많이 전학을 다닌 학생은 몇 번이나 전학을 갔을까? 〉 260번
- 세계에서 바다와 가장 가까운 기차역은 어디일까? 〉 정동진역
- 얼마나 많은 사람이 동시에 자전거를 탔을까? 〉 136,411명

2 앞에서 본 내용은 다양한 분야에서의 세계 최고 기록이다. 이러한 기록은 어디에서 찾아볼 수 있을까? 영국의 '기네스'라는 회사의 사장인 '휴 비버'는 사냥을 나갔다가 주변 사람들과 가장 빠른 새가 무엇인지에 대한 말다툼을 했다. 그는 이 궁금증에 대한 답을 알고 싶었지만 이를 확인할 수 있는 자료를 찾을 수 없었다. 그 이후 그는 신기한 세계 기록이 궁금해졌고, 이러한 궁금증에 대한 답을 찾을 수 있는 책을 만들려고 하였다. 그래서 당시 기자였던 '맥허터 형제'에게 책을 편집해 달라고 부탁했다. 맥허터 형제는 1955년 기네스 회사의 이름을 따서 『기네스북 오브 레코즈』라는 책을 냈는데, 이 책이 지금 우리가 알고 있는 『기네스북』의 시작이다.

3 이 책은 나오자마자 베스트셀러가 되었고, 이후 각국의 언어로 만들어지면서 전 세계로 퍼져 나갔다. 기네스북은 천문, 지리, 자연, 역사, 과학, 인문, 스포츠, 예술 등 여러 분야에서 세계 최고로 인정된 기록들을 사진과 함께 소개하며, 매년 새로운 내용을 담아낸다. 발행된 지 50주년을 맞은 2003년에는 1억 권이 팔리기도 했다. 2000년부터 '기네스 월드 레코즈'라는 제목을 사용하고 있으며, 현재도 100개국이 넘는 나라에서 30여 개의 언어로 번역되어 발행되고 있다.

136,411명이 동시에
자전거를 탔다고?
기네스 기록 인정!

④ 기네스북에는 엉뚱하고 사소한 기록과 함께 인간의 한계에 도전한 이야기와 자신과의 싸움에서 승리한 이야기도 실려 있다. 세계 최고 기록에 도전하는 사람들을 보며 '왜 이런 도전을 할까?'라는 생각이 들 때도 있다. 하지만 그 사람들에게는 어떤 분야에서 누구도 따라올 수 없는 일인자가 되고 싶다는 바람이 있을 것이다. 기네스북은 이런 바람을 이룬 사람들의 이야기를 알리고, 작고 사소하지만 누군가는 궁금해할 정보를 기록하고 있다. 처음 기네스북을 만든 이유처럼 사소한 정보라도 모아 두면 소중한 자료가 된다. 또한 세계 최고가 되고 싶은 사람들의 도전을 응원한다는 점에서 기네스북의 가치를 발견할 수 있다.

◆ **분야:** 여러 갈래로 나누어진 범위나 부분
◆ **편집해:** 일정한 방침 아래 여러 가지 재료를 모아 신문, 잡지, 책 따위를 만들어
◆ **발행된:** 출판물이나 인쇄물이 찍혀서 세상에 나온

▽ **글 내용** 한눈에 보기 ●●●

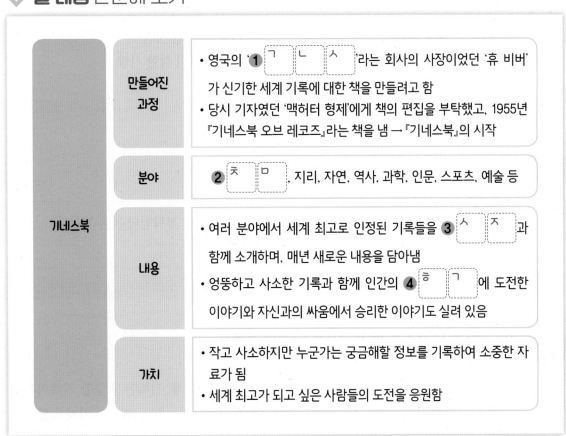

기네스북	만들어진 과정	• 영국의 '① ㄱ ㄴ ㅅ '라는 회사의 사장이었던 '휴 비버'가 신기한 세계 기록에 대한 책을 만들려고 함 • 당시 기자였던 '맥허터 형제'에게 책의 편집을 부탁했고, 1955년 『기네스북 오브 레코즈』라는 책을 냄 → 『기네스북』의 시작
	분야	② ㅊ ㅁ , 지리, 자연, 역사, 과학, 인문, 스포츠, 예술 등
	내용	• 여러 분야에서 세계 최고로 인정된 기록들을 ③ ㅅ ㅈ 과 함께 소개하며, 매년 새로운 내용을 담아냄 • 엉뚱하고 사소한 기록과 함께 인간의 ④ ㅎ ㄱ 에 도전한 이야기와 자신과의 싸움에서 승리한 이야기도 실려 있음
	가치	• 작고 사소하지만 누군가는 궁금해할 정보를 기록하여 소중한 자료가 됨 • 세계 최고가 되고 싶은 사람들의 도전을 응원함

내용 이해

01 기네스북에 대한 설명이 맞으면 ◯, 틀리면 ✕ 표시를 하세요.

1 누군가의 궁금증을 해결해 줄 수 있는 정보를 기록한다. [◯ / ✕]

2 세계 최고가 된 사람들의 이야기를 알리고, 이러한 도전을 응원한다. [◯ / ✕]

3 인간의 한계에 도전하여 실패한 내용을 실어 사람들에게 실패의 중요성을 알린다.

[◯ / ✕]

내용 이해

02 기네스북에 대한 설명으로 알맞지 <u>않은</u> 것은 무엇인가요? [🖉   ]

① 많은 사람이 읽은 베스트셀러이다.

② 3년에 한 번씩 새로운 기록을 담은 책을 낸다.

③ 지리, 자연, 역사, 과학 등의 다양한 분야를 다룬다.

④ 세계 최고로 인정된 기록들을 사진과 함께 소개한 책이다.

⑤ 현재도 100개국이 넘는 나라에서 30여 개의 언어로 번역되어 발행된다.

내용 추론

03 기네스북에 실려 있을 만한 기록이 <u>아닌</u> 것은 무엇일까요? [🖉   ]

① 가장 큰 식당   ② 가장 오래 산 사람

③ 가장 손톱이 긴 여성   ④ 가장 마음이 착한 사람

⑤ 가장 오래 방영한 텔레비전 프로그램

내용 이해

04 보기 에서 설명하고 있는 책은 무엇인지 쓰세요. [🖉   ]

> 보기
> • 1955년에 '맥허터 형제'가 '기네스'의 사장 '휴 비버'에게 부탁받아 지은 책이다.
> • 지금 우리가 알고 있는 『기네스북』의 시작이다.

중심 내용 쓰기

05 이 글의 중심 내용을 한 문장으로 완성해 보세요.

> 기네스북은 작고 사소하지만 누군가는 궁금해할 정보를 기록한 소중한 자료이자,
> 🖉 _____ 점에서 가치가 있다.

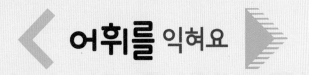

01 다음 낱말의 뜻을 찾아 바르게 연결해 보세요.

① 분야 •

② 자료 •

③ 한계 •

• ㄱ 연구, 조사 따위의 바탕이 되는 재료

• ㄴ 여러 갈래로 나누어진 범위나 부분

• ㄷ 사물이나 능력, 책임 따위가 실제 작용할 수 있는 범위

02 제시된 뜻과 예문을 참고하여 다음 초성에 해당하는 낱말을 빈칸에 쓰세요.

① ㅂ ㅎ 되다: 출판물이나 인쇄물이 찍혀서 세상에 나오다.

예 이 책은 지금으로부터 30년 전에 (   )된 것이다.

② ㅍ ㅈ 하다: 일정한 방침 아래 여러 가지 재료를 모아 신문, 잡지, 책 따위를 만들다.

예 내가 맡은 일은 교내 신문을 (   )하는 것이었다.

③ ㅈ ㅂ : 관찰이나 측정을 통하여 수집한 자료를 실제 문제에 도움이 될 수 있도록 정리한 지식. 또는 그 자료

예 우리 가족은 관광 (   )가 담긴 책자를 보며 여름 여행 계획을 세웠다.

03 보기 에서 알맞은 낱말을 골라 다음 문장을 바르게 완성하세요.

보기

발견하다   번역되다   소개하다   인정되다

① 이 기사는 학생들이 읽으면 좋을 책들을 [   ][   ]하고 있다.

② 이 책은 이십여 개의 언어로 [   ][   ]되어 세계 여러 나라 사람들이 읽을 수 있다.

세종 대왕을 만나다

1 🧑 학생 세종 대왕님, 이렇게 인터뷰에 응해 주셔서 감사합니다. 한글에 대해 몇 가지 질문을 드리겠습니다. 글자를 만든 목적과 방법이 밝혀진 경우는 한글밖에 없다고 하는데요. 한글을 만드신 이유가 궁금해요.

🧔 세종 대왕 한글이 만들어지기 전 우리는 중국의 글자인 한자를 빌려 썼지요. 그러다 보니 실제로 쓰는 말과 글자로 적는 내용이 서로 달라 매우 불편했습니다. 또한 한자는 어려워서 백성들이 배우고 사용하기 무척 힘들었지요. 그래서 누구나 쉽게 배우고 쓸 수 있는 글자를 만들어야겠다고 생각했습니다.

2 🧑 학생 아하! 백성들을 사랑하는 마음으로 한글을 만드신 거군요. 그럼 한글을 어떻게 만드셨나요?

🧔 세종 대왕 발음 기관과 하늘, 땅, 사람의 모양을 본떴어요. 먼저 아래 그림처럼 자음의 기본자 'ㄱ, ㄴ, ㅁ, ㅅ, ㅇ'은 발음 기관을 본떠서 만들었지요. 글자 모양만 봐도 그 소리를 짐작할 수 있게 하려고요. 그리고 'ㄱ – ㅋ'과 같이 기본 자음에 획을 더하거나, 'ㄱ – ㄲ'과 같이 글자를 나란히 쓰는 방법으로 자음을 더 만들었지요.

혀뿌리가 목구멍을 막는 모양	혀끝이 윗잇몸에 닿는 모양	입의 모양	이의 모양	목구멍의 모양

44

모음의 기본자는 하늘의 둥근 모양을 본떠 '•(아래아)'를, 땅의 평평한 모양을 본떠 'ㅡ'를, 사람이 서 있는 모양을 본떠 'ㅣ'를 만들었어요. 그리고 이 기본자를 서로 합쳐서 다양한 모음을 만들었어요. 예를 들어, 'ㅏ'는 'ㅣ'와 '•'를 합쳐서 만든 모음이에요.

③ 학생 정말 대단하네요. 한글의 우수성에 대해서도 말씀해 주실 수 있나요?

세종 대왕 한자와 같은 뜻글자는 문자 하나하나가 의미를 나타냅니다. 그래서 수많은 글자의 모양과 의미를 외워야만 사용할 수 있죠. 반면 한글은 소리글자이기 때문에 적은 수의 글자만 익히면 그것을 합하여 수많은 낱말을 만들 수 있어요. 알파벳의 경우 A에는 9가지 소리가 있고 F에는 11가지 소리가 있어서, 어떤 경우에 어떻게 소리 나는지 헷갈릴 때가 많습니다. 반면 한글은 하나의 글자가 하나의 소리로만 나니까 어떻게 소리 나는지 헷갈릴 염려가 없지요.

학생 그렇군요. 한글은 알면 알수록 훌륭한 글자네요.

◆ **인터뷰**: 특정한 목적을 가지고 개인이나 집단을 만나 정보를 수집하고 이야기를 나누는 일
◆ **획**: 글씨나 그림에서, 붓 따위로 한 번 그은 줄이나 점

✔ 글 내용 한눈에 보기 ●●●

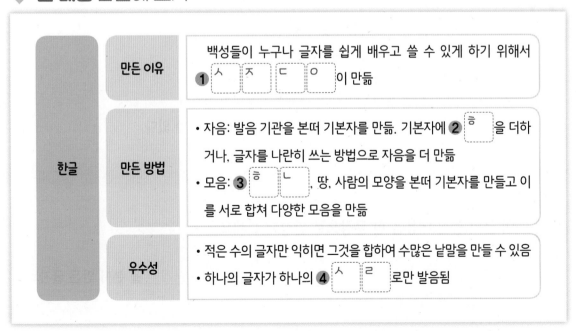

한글	만든 이유	백성들이 누구나 글자를 쉽게 배우고 쓸 수 있게 하기 위해서 ① ㅅ ㅈ ㄷ ㅇ 이 만듦
	만든 방법	• 자음: 발음 기관을 본떠 기본자를 만듦. 기본자에 ② ㅎ 을 더하거나, 글자를 나란히 쓰는 방법으로 자음을 더 만듦 • 모음: ③ ㅎ ㄴ , 땅, 사람의 모양을 본떠 기본자를 만들고 이를 서로 합쳐 다양한 모음을 만듦
	우수성	• 적은 수의 글자만 익히면 그것을 합하여 수많은 낱말을 만들 수 있음 • 하나의 글자가 하나의 ④ ㅅ ㄹ 로만 발음됨

내용 추론

01 보기는 한글의 자음을 만든 방법에 대한 설명입니다. 보기를 참고하여 빈칸에 들어갈 알맞은 자음을 쓰세요. [✎   ]

> **보기**
>
> • 발음 기관을 본떠 기본자 'ㄱ, ㄴ, ㅁ, ㅅ, ㅇ'을 만들었다.
> • 기본자에 획을 더하는 방법으로 자음을 더 만들었다. (예 ㅅ – ㅈ – ㅊ)

> ㄴ – (   ) – ㅌ

내용 이해

02 한글의 모음을 만든 방법으로 알맞지 <u>않은</u> 것은 무엇인가요? [✎   ]

① '·, ㅡ, ㅣ'를 기본자로 삼았다.
② 'ㅏ'는 'ㅣ'와 '·'를 합쳐서 만든 것이다.
③ 기본자를 합쳐서 다양한 모음을 만들었다.
④ 하늘, 땅, 사람의 모양을 본떠 기본자를 만들었다.
⑤ 기본자를 나란히 쓰는 방법으로 새로운 모음을 만들었다.

내용 추론

03 한글의 우수한 점으로 알맞은 것은 무엇일까요? [✎   ]

① 백성들이 만든 글자로 백성의 뜻이 담겨 있다.
② 한 글자의 발음이 다양하여 여러 소리를 낼 수 있다.
③ 적은 수의 글자만 익히면 수많은 낱말을 만들 수 있다.
④ 각 글자마다 다른 뜻이 담겨 있어 글자를 사용하기 편하다.
⑤ 전 세계 사람들이 알고 있어 외국인과 소통할 때 사용할 수 있다.

중심 내용 쓰기

04 이 글의 중심 내용을 한 문장으로 완성해 보세요.

> 한글은 ✎ _____을 본떠 만든 글자로,
> 누구나 쉽게 배우고 쓸 수 있다.

어휘를 익혀요

정답과 해설 25쪽

01 다음 낱말의 뜻을 찾아 바르게 연결해 보세요.

1 획 •

2 목적 •

3 발음 •

• **ㄱ** 실현하려고 하는 일이나 나아가는 방향

• **ㄴ** 글씨나 그림에서, 붓 따위로 한 번 그은 줄이나 점

• **ㄷ** 혀·이·입술 등을 이용하여 말을 이루는 소리를 냄. 또는 그 소리

02 제시된 뜻과 예문을 참고하여 다음 초성에 해당하는 낱말을 빈칸에 쓰세요.

1 ㅇ ㅅ ㅅ : 여럿 가운데 뛰어난 특성

예 이 제품은 (   )을 인정받아 해외에서 인기가 좋다.

2 ㅈ ㅈ 하다: 사정이나 형편 등을 어림잡아 헤아리다.

예 나는 친구가 무슨 생각을 하고 있는지 (   )할 수 없었다.

3 ㅇ ㄹ : 앞일에 대해 여러 가지로 마음을 써서 걱정함. 또는 그 걱정

예 아버지는 할머니에 대한 (   )로 잠을 못 이루신다.

03 다음 문장에 들어갈 알맞은 낱말을 **보기**에서 찾아 쓰세요.

보기

경우   기관   기본   의미

1 오늘은 태권도의 [ ][ ] 동작을 배우는 날이다.

2 이 글의 마지막 문장이 정확히 무슨 [ ][ ]인지 잘 모르겠어.

곤충도 먹을 수 있어

1 많은 사람들이 징그럽다는 이유로 곤충을 싫어한다. 그런데 곤충을 먹는다고 하면 어떨까? 누군가는 상상조차 할 수 없는 일일 수도 있다. 하지만 실제로 머지않은 미래에 곤충이 우리 식탁에 오를 수 있다. 인구가 계속 늘어나고 환경 문제가 심해지면 점점 먹거리가 모자라게 되거나 먹거리를 만들기 어려워질 수 있다. 전문가들은 이러한 문제를 해결해 줄 미래 먹거리로 곤충을 꼽고 있다.

2 가축은 배설할 때 가스를 배출하고, 이 가스는 환경을 오염한다. 하지만 곤충은 기존의 가축에 비해 배설물이 적기 때문에 훨씬 적은 양의 가스를 배출한다. 또한 기존의 가축을 기르기 위해서는 넓은 땅은 물론 많은 양의 먹이와 물이 필요하지만, 곤충은 좁은 땅에서 적은 양의 먹이와 물만 있어도 기를 수 있다. 그리고 곤충은 가축보다 자라는 속도가 빨라 짧으면 3주, 길면 3개월 안에 사람이 먹을 수 있을 만큼 자란다. 이렇게 곤충은 가축을 기를 때 발생하는 오염을 줄일 수 있고, 최소한의 자금과 노력으로 최대한의 식량을 만들 수 있기에 미래 식량으로 손색이 없다.

3 또한 곤충은 영양소가 많아 소고기나 돼지고기를 대신할 수 있다. 메뚜기의 단백질은 소고기의 3배 이상이다. 곤충에는 단백질 이외에도 무기질, 칼슘, 철, 아연, 비타민 등 몸에 좋은 영양소가 많이 들어 있다. 이런 좋은 점 때문에 세계 여러 나라와 기업들은 식용 곤충을 이용하여 먹거리를 만들기 위해 노력하고 있다. 이미 다른 나라에서는 곤충 간식, 곤충 과자 등을 팔고 있을 정도다. 우리나라에서도 식용 곤충을 기르는 농가가 2016년 1,261개에서 2017년에는 2,600개로 늘어났다.

④ 그러나 곤충을 식재료로 사용하기 위해서는 해결해야 할 문제가 있다. 현재 곤충을 사육하는 농가의 규모는 매우 작다. 위생적인 시설을 갖추고 대규모로 곤충을 사육할 수 있는 곳이 부족한 것이다. 곤충을 식재료로 사용하려면 위생적인 환경에서 곤충을 기를 수 있는 시설을 늘려야 한다. 무엇보다 큰 문제는 대부분의 사람들은 징그러운 생김새를 지닌 곤충을 싫어한다는 것이다. 이를 해결하기 위해 여러 나라에서는 곤충의 생김새가 드러나지 않는 가루나 과자 형태의 다양한 먹거리를 만들고 있다. 우리나라도 갈색거저리 유충, 장수풍뎅이 유충, 흰점박이꽃무지 유충, 누에 유충, 누에 번데기 등의 곤충을 가축으로 인정하고 곤충 산업의 발전을 위해 노력하고 있다.

◆ **자금**: 사업을 하거나 어떤 특수한 목적에 쓰는 돈
◆ **손색**: 다른 것과 견주어 보아 못한 점
◆ **식용**: 먹을 것으로 씀. 또는 그런 물건

❤ 글 내용 한눈에 보기 ●●●

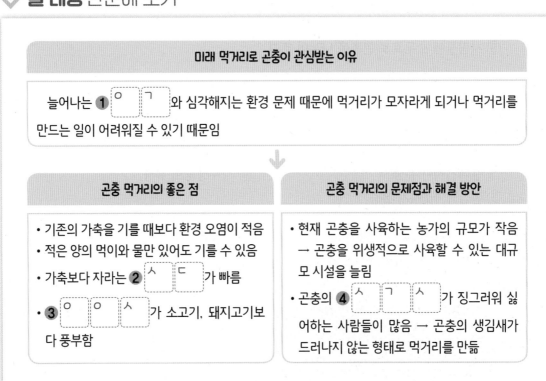

미래 먹거리로 곤충이 관심받는 이유
늘어나는 ❶ ⃞ ⃞ 와 심각해지는 환경 문제 때문에 먹거리가 모자라게 되거나 먹거리를 만드는 일이 어려워질 수 있기 때문임

곤충 먹거리의 좋은 점	곤충 먹거리의 문제점과 해결 방안
• 기존의 가축을 기를 때보다 환경 오염이 적음 • 적은 양의 먹이와 물만 있어도 기를 수 있음 • 가축보다 자라는 ❷ ⃞ ⃞ 가 빠름 • ❸ ⃞ ⃞ ⃞ 가 소고기, 돼지고기보다 풍부함	• 현재 곤충을 사육하는 농가의 규모가 작음 → 곤충을 위생적으로 사육할 수 있는 대규모 시설을 늘림 • 곤충의 ❹ ⃞ ⃞ ⃞ 가 징그러워 싫어하는 사람들이 많음 → 곤충의 생김새가 드러나지 않는 형태로 먹거리를 만듦

내용 이해

01 이 글에 대한 설명이 맞으면 ◯, 틀리면 ✕ 표시를 하세요.

1 곤충을 식재료로 사용하기 위해 현재 곤충을 사육하는 농가의 규모는 매우 크다.

[◯ / ✕]

2 곤충은 가축보다 자라는 속도가 빨라서 짧은 시간 안에 사람이 먹을 수 있을 정도로 자란다. [◯ / ✕]

내용 추론

02 곤충이 미래 먹거리로 관심받는 이유로 알맞은 것은 무엇일까요? [✎   ]

① 사람들이 기존의 먹거리에 질려 해서

② 가축에 비해 크기가 작아 먹기에 편해서

③ 많은 사람들이 곤충의 맛과 생김새를 좋아해서

④ 인구가 계속 늘어나면 먹거리가 모자랄 수 있어서

⑤ 곤충은 가축과 달리 배설물이 없고 가스를 배출하지도 않아서

내용 추론

03 곤충을 식량으로 사용하기 위해서 가장 먼저 해야 할 일은 무엇일까요? [✎   ]

① 곤충의 종류 늘리기

② 소고기와 돼지고기 먹지 않기

③ 해외에서 독특한 곤충을 들여오기

④ 곤충에 대한 사람들의 인식 바꾸기

⑤ 사람들에게 무료로 곤충을 나누어 주기

내용 이해

04 우리나라에서 가축으로 인정한 곤충이 <u>아닌</u> 것은 무엇인가요? [✎   ]

① 왕잠자리 ② 누에 번데기

③ 갈색거저리 유충 ④ 장수풍뎅이 유충

⑤ 흰점박이꽃무지 유충

중심 내용 쓰기

05 이 글의 중심 내용을 한 문장으로 완성해 보세요.

곤충은 가축을 기를 때 발생하는 ✎_____, 최소한의 자금과 노력으로 최대한의 식량을 만들 수 있으며, 소고기나 돼지고기보다 ✎_____ 미래 식량으로 손색이 없다.

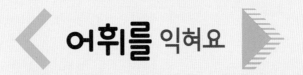

01 다음 낱말의 뜻을 찾아 바르게 연결해 보세요.

1 손색 •

2 식용 •

3 자금 •

• **ㄱ** 먹을 것으로 씀. 또는 그런 물건

• **ㄴ** 다른 것과 견주어 보아 못한 점

• **ㄷ** 사업을 하거나 어떤 특수한 목적에 쓰는 돈

02 제시된 뜻과 예문을 참고하여 다음 초성에 해당하는 낱말을 빈칸에 쓰세요.

1 ㅇ ㅈ 하다: 확실히 그렇다고 여기다.

예 자신의 잘못을 (   )하기란 생각보다 쉽지 않다.

2 ㅂ ㅊ 하다: 안에서 밖으로 밀어 내보내다.

예 공장에서 (   )하는 폐수는 물을 오염시킨다.

3 ㄴ ㄱ : 농사를 본업으로 하는 사람의 집. 또는 그런 가정

예 쌀을 생산하는 (   )가 최근에 많이 늘어났다.

03 보기 에서 알맞은 낱말을 골라 다음 문장을 바르게 완성하세요.

보기

시설   위생   대신하다   사육하다

1 할아버지는 농장에서 송아지 20마리를 [   ]하신다.

2 여름철에는 손을 잘 씻는 등의 [   ] 관리를 철저히 해야 한다.

12

색다른 면 요리

1 독일의 한 조사 기관에서 발표한 국가별 면 소비량에서 우리나라의 국민 1인당 면 소비량은 76.5그릇으로 세계 1위를 차지하였다. 그만큼 한국인들의 면 사랑은 정말 세계적이라고 할 수 있다. 그도 그럴 것이 우리나라의 면 요리는 잔치국수, 콩국수, 비빔국수, 냉면 등으로 매우 다양하다. 게다가 지역마다 즐겨 먹는 독특한 면 요리도 있다. 이처럼 여러 지역의 특색 있는 면 요리들에는 어떤 것들이 있는지 함께 살펴보자.

2 **생선국수**

생선국수는 충청북도에서 생선과 면을 넣어 끓여 먹는 국수이다. 충청북도는 내륙 지방이지만 산에 강과 냇물이 많아 민물고기가 많이 잡힌다. 맑은 물에서 사는 민물고기는 비린내가 덜하고, 또 국수를 끓일 때 청주나 생강 등 비린내를 잡는 양념을 넣어 오랜 시간 끓이기에 국물 맛이 시원하고 얼큰하다. 생선국수에 사용되는 생선은 메기나 붕어로, 뼈째 몽땅 사용하여 영양이 풍부한 음식이다.

3 **팥 칼국수**

팥 칼국수는 팥죽에 동글동글한 새알심 대신 칼국수를 넣은 음식이다. 원래 팥죽은 겨울철 동지에 해 먹는 음식이지만, 전라도 지역에서는 평상시에도 즐겨 먹는다. 다른 지역에서는 팥죽에 찹쌀가루나 수수 가루로 동글동글하게 만든 새알심을 넣지만, 전라도에서는 칼국수를 넣는다. 팥 칼국수는 전라도 지역의 독특한 문화인 셈이다. 전라도에서는 더운 여름에 뜨거운 팥 칼국수를 먹으며 더위를 이겨 내기도 한다.

4 **밀면**

밀면은 육이오 전쟁의 아픔이 담겨 있는 음식이다. 육이오 전쟁 당시 부산까지 피란을 오게 된 북한 사람들이 냉면을 대신해 만든 요리이기 때문이다. 냉면은 원래 메밀가루로 만

▲ 생선국수

▲ 팥 칼국수

▲ 밀면

드는데, 부산에서는 메밀가루를 구하기 어려웠다. 그래서 당시 미군을 통해서 구할 수 있던 밀가루를 사용해 만들기 시작한 것이 밀면이다. 밀면이라는 이름은 밀가루로 만들었다고 해서 붙은 것이다. 밀면은 1950년대 초반부터 부산에서 만들어지기 시작해서 지금은 부산을 대표하는 면 요리가 되었다.

5 고기국수

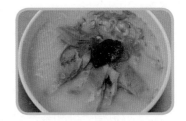

고기국수는 제주도의 전통 음식 중 하나이다. 제주도의 흙은 화산 분출물로 이루어져 있어서 쌀농사를 짓기 어렵다. 그런 이유로 제주도 사람들은 밀과 보리를 주로 키웠고, 밀과 보리를 활용한 면 요리가 발달했다. 그중 고기국수는 돼지고기와 돼지 뼈를 푹 삶은 국물에 면을 넣은 요리로 잔치 때 주로 해서 먹었다. 고기국수는 제주도의 특산품인 돼지고기를 푸짐하게 올려 먹기 때문에 잔치 음식으로 제격이었다.

◆ **특색**: 보통의 것과 다른 점
◆ **피란**: 난리를 피하여 옮겨 감

⩔ 글 내용 한눈에 보기 ●●●

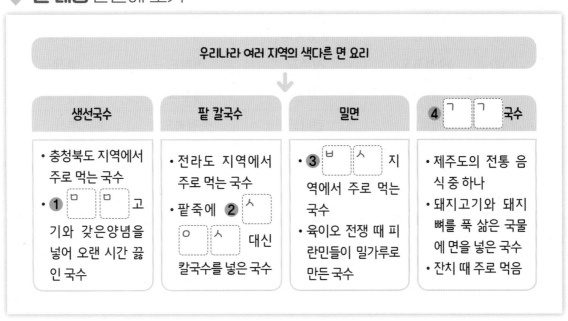

우리나라 여러 지역의 색다른 면 요리			
생선국수	팥 칼국수	밀면	4 ㄱ ㄱ 국수
• 충청북도 지역에서 주로 먹는 국수 • 1 ㅁ ㅁ 고기와 갖은양념을 넣어 오랜 시간 끓인 국수	• 전라도 지역에서 주로 먹는 국수 • 팥죽에 2 ㅅ ㅇ ㅅ 대신 칼국수를 넣은 국수	• 3 ㅂ ㅅ 지역에서 주로 먹는 국수 • 육이오 전쟁 때 피란민들이 밀가루로 만든 국수	• 제주도의 전통 음식 중 하나 • 돼지고기와 돼지 뼈를 푹 삶은 국물에 면을 넣은 국수 • 잔치 때 주로 먹음

글을 이해해요

내용 이해

01 이 글에 대한 설명으로 알맞은 것을 골라 보세요.

1 생선국수는 민물고기의 뼈를 [모두 사용하여 / 꼼꼼히 발라 낸 뒤] 끓여 낸 것이다.

2 부산에서 주로 먹는 밀면은 [육이오 전쟁 / 일제 강점기]의 아픔이 담겨 있는 음식이다.

내용 이해

02 이 글을 읽고 알 수 있는 내용은 무엇인가요? [✎   ]

① 생선국수는 바다에 사는 물고기로 만든다.
② 고기국수의 국물은 소고기를 활용해서 만든다.
③ 팥 칼국수에는 팥죽에 넣는 새알심이 들어간다.
④ 밀면은 피란민들이 냉면을 대신해 만든 요리이다.
⑤ 밀면의 이름은 면을 밀어서 만드는 방법 때문에 붙은 것이다.

내용 추론

03 제주도에서 면 요리가 발달한 이유로 알맞은 것은 무엇일까요? [✎   ]

① 잔칫날 면 요리를 먹는 것이 전통이기 때문에
② 예부터 밥보다 면을 귀하게 여겨 왔기 때문에
③ 면 요리는 돼지고기와 가장 잘 어울리기 때문에
④ 제주도 사람들이 면 요리를 특히 좋아하기 때문에
⑤ 면의 재료인 밀이나 보리를 키울 수밖에 없는 환경이기 때문에

내용 이해

04 면 요리와 그것을 주로 먹는 지역이 바르게 묶인 것은 무엇인가요? [✎   ]

	생선국수	팥 칼국수	밀면	고기국수
①	부산	충청북도	제주도	전라도
②	충청북도	제주도	전라도	부산
③	전라도	부산	제주도	충청북도
④	제주도	전라도	충청북도	부산
⑤	충청북도	전라도	부산	제주도

중심 내용 쓰기

05 이 글의 중심 내용을 한 문장으로 완성해 보세요.

우리나라는 생선국수, 팥 칼국수, 밀면, 고기국수와 같이 ✎ _____
_____ 이 있다.

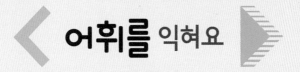
01 다음 낱말의 뜻을 찾아 바르게 연결해 보세요.

1 내륙 •

2 전통 •

3 제격 •

• **ㄱ** 바다에서 멀리 떨어져 있는 육지

• **ㄴ** 그 지닌 바의 정도나 신분에 알맞은 격식

• **ㄷ** 옛날부터 전해 내려오는 문화, 행사, 놀이, 명절 등의 일정한 생활 모습이나 행동

02 제시된 뜻과 예문을 참고하여 다음 초성에 해당하는 낱말을 빈칸에 쓰세요.

1 ⌈ㄷ⌉⌈ㅌ⌉하다: 특별하게 다르다.

예 내 친구는 웃음소리가 매우 (   )하다.

2 ⌈ㅍ⌉⌈ㄹ⌉: 난리를 피하여 옮겨 감

예 할아버지께서는 육이오 전쟁 때 남쪽으로 (   )을 오셨다고 한다.

3 ⌈ㄷ⌉⌈ㅈ⌉: 일 년 중 낮이 가장 짧고 밤이 가장 긴 날

예 우리나라는 일 년 중 밤이 제일 긴 (   ) 때가 되면 팥죽을 쑤어 먹는 풍습이 있다.

03 다음 문장에 들어갈 알맞은 낱말을 보기에서 찾아 쓰세요.

보기

분출물   비린내   소비량   특산품

1 상주의 ⌈ ⌉⌈ ⌉⌈ ⌉인 곶감은 맛이 참 좋다.

2 더워진 날씨 탓에 올해 전기 ⌈ ⌉⌈ ⌉⌈ ⌉이 작년보다 크게 늘었다.

나스카 라인의 미스터리

① '나스카 라인'은 페루 나스카 지역의 평평한 땅 위에 그려진 큰 그림과 선을 말한다. 나스카 지역은 2년 동안의 강우량이 20mm도 되지 않는, 지구상에서 가장 건조한 곳이다. 이곳의 자갈땅을 깊이 10~20cm, 너비 20~30cm 정도로 파서 그린 나스카 라인은 지금까지 발견된 것만 수백 개가 넘는다. 그리고 계속해서 새로운 나스카 라인이 발견되고 있다. 나스카 라인에는 새, 원숭이, 우주인으로 보이는 존재, 가지가 많은 나무, 다리가 긴 거미, 개, 고래 등의 그림이 있으며, 직선, 소용돌이, 삼각형 등의 무늬도 있다. 가장 큰 동물 그림은 축구장 3배 정도의 크기이고, 가장 긴 직선의 길이는 10km에 달한다. 그야말로 거대한 크기여서 하늘 위에서 바라보지 않으면 확인할 수 없을 정도다. 이런 이유로 나스카 라인은 비행기 여행이 인기를 얻기 시작한 때에야 발견될 수 있었다.

② 나스카 라인은 1939년에 미국의 역사학자인 '코소크'가 처음 발견하였는데, 이후 세부적인 조사는 독일 출신의 고고학자인 '마리아 라이헤'에 의해 이루어졌다. 나스카 라인을 연구하는 데에 일생의 대부분을 바친 마리아 라이헤는 나스카 라인이 기원전 190년에서 기원후 600년 사이에 그려졌음을 밝혀내었으며, 나스카 라인이 어떤 방법으로 그려졌는지도 추측했다. 그녀는 직선은 말뚝에 줄을 묶어 그 줄을 따라 그리고, 곡선은 중심점에 말뚝을 박고 줄을 묶어 이를 컴퍼스처럼 이용해서 그렸다고 보았다. 실제 마리아 라이헤의 추측대로 말뚝을 박았던 흔적과 중심점 자국이 발견되기도 하였다.

③ 그러나 마리아 라이헤의 이런 연구에도 불구하고, 나스카 라인을 누가 어떤 이유로 그린 것인지는 아직까지 밝혀지지 않고 있다. 신에게 기도하기 위한 것이다, 부족의 힘을 다른 사람에게 보여 주기 위한 것이다,

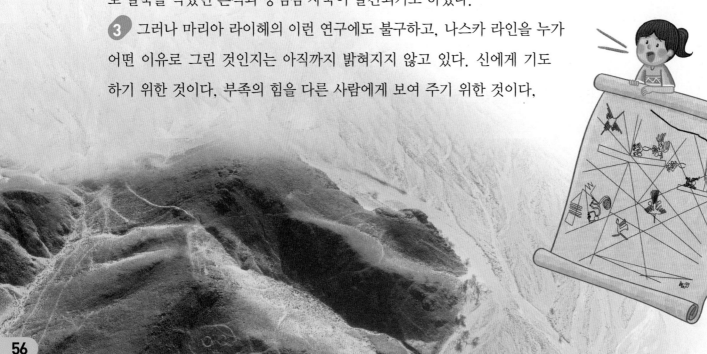

별을 관찰하기 위한 것이다, 외계인이 그린 것이다 등 다양한 추측만이 있을 뿐이다. 많은 과학자가 나스카 라인의 비밀을 밝히기 위해 첨단 기술까지 동원하였지만 아직도 분명히 밝혀진 것이 없다. 계속해서 연구 중인 만큼 언젠가는 나스카 라인의 미스터리도 풀릴 날이 올 것이다. 그때까지 세계의 문화유산인 나스카 라인을 오래도록 잘 보존해야 할 것이다.

◆ **강우량**: 일정 기간 동안 일정한 곳에 내린 비의 분량. 단위는 mm
◆ **동원하였지만**: 어떤 목적을 달성하고자 사람을 모으거나 물건, 수단, 방법 따위를 집중하였지만
◆ **미스터리**: 도저히 설명하거나 이해할 수 없는 이상야릇한 일이나 사건

❤️ 글 내용 한눈에 보기 •••

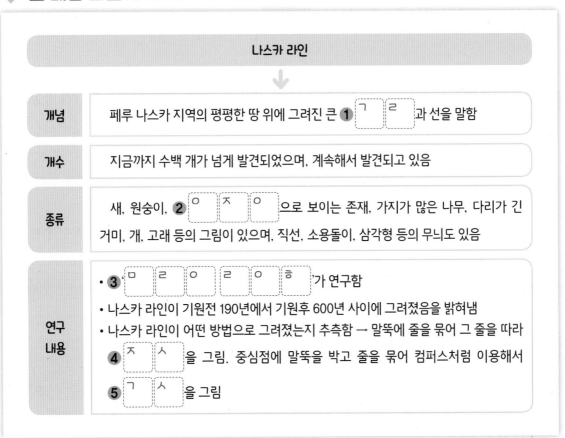

나스카 라인	
개념	페루 나스카 지역의 평평한 땅 위에 그려진 큰 ① ㄱ ㄹ 과 선을 말함
개수	지금까지 수백 개가 넘게 발견되었으며, 계속해서 발견되고 있음
종류	새, 원숭이, ② ㅇ ㅈ ㅇ 으로 보이는 존재, 가지가 많은 나무, 다리가 긴 거미, 개, 고래 등의 그림이 있으며, 직선, 소용돌이, 삼각형 등의 무늬도 있음
연구 내용	• ③ ㅁ ㄹ ㅇ ㄹ ㅇ ㅎ 가 연구함 • 나스카 라인이 기원전 190년에서 기원후 600년 사이에 그려졌음을 밝혀냄 • 나스카 라인이 어떤 방법으로 그려졌는지 추측함 → 말뚝에 줄을 묶어 그 줄을 따라 ④ ㅈ ㅅ 을 그림. 중심점에 말뚝을 박고 줄을 묶어 컴퍼스처럼 이용해서 ⑤ ㄱ ㅅ 을 그림

글을 이해해요

내용 이해
01 나스카 라인을 그린 이유를 추측한 내용으로 알맞지 <u>않은</u> 것은 무엇인가요?

[✎   ]

① 외계인이 그렸다.
② 별을 관찰하기 위해 그렸다.
③ 신에게 기도하기 위해 그렸다.
④ 아마존강으로 가는 길을 표시하려고 그렸다.
⑤ 부족의 힘을 다른 사람에게 보여 주려고 그렸다.

내용 추론
02 이 글에 나온 나스카 라인의 모양이 <u>아닌</u> 것은 무엇일까요?

[✎   ]

①   ②   ③

④   ⑤

내용 이해
03 다음은 마리아 라이헤가 추측한, 나스카 라인을 그리는 방법입니다. 빈칸에 공통으로 들어갈 알맞은 말을 이 글에서 찾아 쓰세요.

[✎   ]

• 직선 그리기: ☐☐☐☐☐ 을 박는다. ➡ ☐☐☐☐☐ 에 줄을 묶어 그 줄을 따라 그린다.
• 곡선 그리기: 중심점에 ☐☐☐☐☐ 을 박는다. ➡ ☐☐☐☐☐ 에 줄을 묶어 컴퍼스처럼 이용해서 그린다.

중심 내용 쓰기
04 이 글의 중심 내용을 한 문장으로 완성해 보세요.

나스카 라인은 페루 나스카 지역의 ✎ _____ 으로, 누가 어떤 이유로 그린 것인지 아직까지 밝혀지지 않고 있기 때문에 미스터리이다.

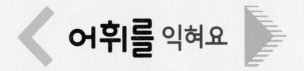
01 다음 낱말의 뜻을 찾아 바르게 연결해 보세요.

1 너비 •

2 강우량 •

3 미스터리 •

• **㉠** 일정 기간 동안 일정한 곳에 내린 비의 분량

• **㉡** 평면이나 넓은 물체의 가로로 건너지른 거리

• **㉢** 도저히 설명하거나 이해할 수 없는 이상야릇한 일이나 사건

02 제시된 뜻과 예문을 참고하여 다음 초성에 해당하는 낱말을 빈칸에 쓰세요.

1 ㄱ ㄷ 하다: 엄청나게 크다.
　📵 코끼리는 몸집이 매우 (　　　　　)하다.

2 ㅊ ㅊ 하다: 미루어 생각하거나 헤아리다.
　📵 앞으로 일어날 일을 정확히 (　　　　　)하는 것은 쉽지 않다.

3 ㄷ ㅇ 하다: 어떤 목적을 달성하고자 사람을 모으거나 물건, 수단, 방법 따위를 집중하다.
　📵 형은 부모님께 용돈을 타기 위해 온갖 방법을 (　　　　　)했다.

03 다음 문장에 들어갈 알맞은 낱말을 **보기**에서 찾아 쓰세요.

보기

곡선　　　　일생　　　　존재　　　　첨단

1 ☐☐ 정보 기술의 발달로 우리의 생활은 나날이 더욱 편리해지고 있다.

2 17세기에 현미경이 발달하면서, 사람들은 미생물의 ☐☐를 마침내 알게 되었다.

14 선비들이 늘 곁에 둔 친구, 문방사우

1 "불을 끄고 나는 떡을 썰 테니, 석봉이 너는 글을 쓰거라."

불을 끄고 어머니가 떡을 썰 동안 한석봉은 무엇으로 글을 썼을까? 한석봉이 살던 조선 시대에는 연필이나 펜이 없었기 때문에 지금처럼 글을 쓸 수는 없었다. 그래서 한석봉은 당시의 필기도구인 붓으로 글을 썼다. 그런 데 붓으로 글을 쓰기 위해서는 반드시 필요한 물건들이 있다. 우리 조상들은 이를 두고 '문방사우'라고 하였다. 문방사우는 '학문을 하는 선비의 방에 친구처럼 가까이 두어야 할 네 가지 물건'이라는 의미로, 먹과 벼루, 붓과 종이를 이르는 말이다. 그리고 붓을 이용해 글씨를 쓰는 예술을 일컬어 '서예'라고 한다.

2 먹은 소나무의 송진이나 식물의 기름을 태운 것을 아교와 섞어 만든 것이다. 아교는 동물의 가죽이나 뼈로 만든 전통적인 접착제이다. 먹은 딱딱하기 때문에 그대로 쓸 수는 없고, 물을 섞어 먹물로 만든 뒤 사용한다. 이렇게 만들어진 먹물은 펜의 잉크나 수채화 물 감과 비슷해서, 물을 얼마나 섞느냐에 따라 진하거나 연하게 표현할 수 있다.

3 벼루는 먹을 갈기 위해 쓰는 물건이다. 벼루에 물을 담은 뒤 먹을 벼루 바닥에 맷돌 갈 듯이 문지르며 돌리면, 먹이 갈려 나가면서 물에 녹아 먹물이 된다. 벼루에는 먹물을 모으는 오목한 곳인 묵지가 있는데, 이곳에 물을 넣어 두어 10일 이상 되어도 마르지 않는 것을 좋은 벼루로 여긴다. 벼루는 보통 돌로 만들지만, 보석이나 도자기로 만들기도 한다. 또한 용, 대나무, 연꽃 모양을 조각해서 화려한 무늬의 벼루를 만들기도 한다.

4 붓은 동물의 털을 모아 대나무 관이나 나무에 고정한 것으로, 먹물을 묻혀 글씨를 쓰는 데 사용하는 도구이다. 서예를 할 때 쓰는 붓은 우리나라와 중국 등 동양에서 오래전부터 만든 것으로, 미술 시간에 쓰는 수채화용 붓이나 페인트칠을 할 때 쓰는 붓과는 다르다. 털이 뻣뻣하고 뾰족하며, 털의 양이 많고 가지런할수록 좋은 붓으로 여긴다. 옛날 사람들은 산토끼나 족제비의 털로 만든 붓을 좋아했다.

5 종이는 글을 쓰는 데 쓰는 얇은 물건이다. 대나무의 섬유, 풀, 낡은 헝겊 부스러기 같은 것들을 재료로 삼아 만들었다. 옛날에는 종이를 만들기 위해 매우 복잡한 과정을 거쳤고, 그런 이유로 종이는 당시에 매우 소중하게 다루어졌다. 오늘날까지 서예에 많이 쓰는 종이로는 화선지가 있다. 화선지는 한쪽은 매끄럽고 다른 쪽은 조금 까칠한데, 글씨는 매끄러운 면에 쓴다. 화선지는 먹물을 잘 흡수하고, 먹물의 색이 잘 나타날수록 좋은 것으로 여긴다. 그래서 습기가 많은 곳에 화선지를 보관하지 않도록 조심해야 한다.

◆ **송진:** 소나무나 잣나무에서 분비되는 끈적끈적한 액체
◆ **섬유:** 생물체의 몸을 이루는, 가늘고 긴 실 모양의 물질
◆ **습기:** 물기가 많아 젖은 듯한 기운

글 내용 한눈에 보기 ●●●

먹
- 소나무의 송진이나 식물의 기름을 태운 것을 아교와 섞어 만든 것
- 물을 섞어 먹물로 만든 뒤 사용함
- **1** ㅁ 의 양으로 진하거나 연하게 표현할 수 있음

벼루
- **2** ㅁ 을 갈기 위해 쓰는 물건
- 보통 **3** ㄷ 로 만들지만, 보석이나 도자기로 만들기도 함
- 용, 대나무, 연꽃 모양을 조각해서 화려한 무늬의 벼루를 만들기도 함

문방사우

붓
- 동물의 **4** ㅌ 을 모아 대나무 관이나 나무에 고정한 것으로, 먹물을 묻혀 글씨를 쓰는 데 사용하는 도구
- 털이 뻣뻣하고 뾰족하며, 털의 양이 많고 가지런할수록 좋은 붓임

종이
- 글을 쓰는 데 쓰는 얇은 물건
- 대나무의 섬유, 풀, 낡은 헝겊 부스러기 등으로 만들었음
- 서예에 많이 쓰는 종이로는 **5** ㅎ ㅅ ㅈ 가 있는데, 매끄러운 면에 글씨를 씀

내용 이해

01 이 글에 대한 설명으로 알맞은 것을 골라 보세요.

1 서예를 할 때는 화선지의 [매끄러운 면 / 조금 까칠한 면]을 사용한다.

2 먹물은 [물감 / 색연필]과 비슷해서, 물의 양으로 진하거나 연하게 조절할 수 있다.

3 붓은 털이 [부드럽고 / 뻣뻣하고] 뾰족할수록, 털의 양이 [많고 / 적고] 가지런할수록 좋은 것이다.

내용 이해

02 서예와 문방사우에 대한 설명으로 알맞지 <u>않은</u> 것은 무엇인가요? [ ]

① 서예는 붓으로 그림을 그리는 예술을 말한다.
② 문방사우는 먹, 벼루, 붓, 종이를 일컫는 말이다.
③ 붓으로 글을 쓰기 위해서 반드시 필요한 물건들이 문방사우이다.
④ 한석봉이 살던 조선 시대에는 연필이나 펜이 없었으므로 문방사우를 이용해 글을 썼다.
⑤ 문방사우는 '학문을 하는 선비의 방에 친구처럼 가까이 두어야 할 네 가지 물건'이라는 의미이다.

내용 추론

03 이 글을 바르게 이해하지 <u>못한</u> 사람은 누구일까요? [ ]

① 민지 먹을 먹물로 만들려면 물과 벼루가 있어야겠어.

② 상현 벼루는 주로 돌로 만들지만, 다른 재료로 만들 수도 있어.

③ 준수 예전부터 지금까지 서예에 많이 쓰이는 종이는 화선지구나.

④ 혜영 화선지를 사서 집에 보관할 때에는 물기가 많은 곳을 피해야겠어.

⑤ 이레 앞으로는 미술 시간에 쓰는 수채화 붓을 사용해서 서예를 해 봐야겠어.

중심 내용 쓰기

04 이 글의 중심 내용을 한 문장으로 완성해 보세요.

> 붓으로 글을 쓰기 위해서 반드시 필요한 물건들인 문방사우는 ✎ _____
> _____ 를 이르는 말이다.

어휘를 익혀요

정답과 해설 33쪽

01 다음 낱말의 뜻을 찾아 바르게 연결해 보세요.

1 섬유 •

2 송진 •

3 습기 •

• ㄱ 물기가 많아 젖은 듯한 기운

• ㄴ 소나무나 잣나무에서 분비되는 끈적끈적한 액체

• ㄷ 생물체의 몸을 이루는, 가늘고 긴 실 모양의 물질

02 제시된 뜻과 예문을 참고하여 다음 초성에 해당하는 낱말을 빈칸에 쓰세요.

1 ㅎ ㅅ 하다: 빨아서 거두어들이다.

ㅁ 이 옷은 운동할 때 나는 땀을 잘 (   )한다.

2 ㅂ ㄱ 하다: 물건을 맡아서 간직하고 관리하다.

ㅁ 친구가 맡긴 가방을 잃어버리지 않게 잘 (   )하였다.

3 ㄱ ㅈ 하다: 한곳에 꼭 붙어 있거나 붙어 있게 하다.

ㅁ 아버지는 나무판자를 벽에 (   )하여 멋진 선반을 만드셨다.

03 다음 문장에 들어갈 알맞은 낱말을 보기에서 찾아 쓰세요.

> **보기**
>
> 도구   무늬   아교   재료

1 이 음식은 싱싱한 [   ] 를 써서 맛이 매우 좋다.

2 아기는 알록알록 예쁜 [   ] 가 있는 옷을 입고 있었다.

15 영웅일까, 도둑일까?

❶ 안녕? 난 홍길동이라고 해. 내 이름이 들어간 유명한 소설 「홍길동전」을 읽어 봤거나 들어 본 사람이 있을 거야. 내가 바로 그 소설의 주인공이야. 난 내 소망을 이루고 싶었을 뿐인데 어쩌다 보니 그만 유명해졌어. 어떤 사람들은 날 영웅이라고 부르고, 또 어떤 사람들은 날 도둑의 우두머리라고 부르지. 지금부터 내 이야기를 들려줄 테니 내가 어떤 사람일지 너희들 스스로 생각해 봐.

❷ 내가 살던 조선은 신분 제도가 엄격하게 지켜지던 나라였어. 태어날 때부터 신분이 정해져 있고, 양반이 아니면 사회적으로 높은 지위에 오를 기회조차 주어지질 않았지. 힘 있는 양반이 백성을 괴롭히고 재산을 빼앗기도 했지만, 힘없고 신분이 낮은 백성은 그저 말 없이 참아야만 했어. 또한 조선은 남자만 벼슬을 할 수 있고, 한 남자가 여러 여자를 데리고 살 수도 있는 남성 중심의 사회였어. 여자는 정식으로 교육을 받거나, 사회에 나아갈 수 없었어.

❸ 내 아버지는 나라에서 높은 자리에 있던 양반이었어. 그러나 나를 낳아 준 어머니는 아버지의 정식 부인이 아닌 천민 출신의 첩이었지. 첩이 낳은 아이는 서자라고 해서 양반이 될 수 없었어. 그래서 사람들은 내가 신분이 낮다는 이유로 무시하고 천하게 여겼어. 심지어 나는 아버지를 아버지라고 부르지도 못하고 '대감님'이라고 불러야 했어. 나는 공부도 잘하고 무술 실력도 뛰어났지만, 양반이 아니기 때문에 과거 시험을 볼 수조차 없었지. 내가 선택한 것도 아닌데, 태어날 때부터 정해진 신분 때문에 차별을 받아야 한다니 억울해서 참을 수가 없었어.

④ 나는 잘못된 세상을 바로잡고 차별 없는 세상을 만들고 싶었어. 그래서 집을 나와서 도둑 떼를 모아 '활빈당'이란 조직을 만들었어. 활빈당은 백성을 괴롭히고 백성의 재물을 빼앗는 탐관오리를 혼내 주고, 그들의 재산을 빼앗아 다시 백성에게 나누어 주는 일을 했어. 백성들은 그때부터 나를 영웅이라 불렀어. 하지만 양반들은 나를 도둑이라 부르며 나를 잡으려고 안간힘을 썼지. 이후 나는 조선을 떠나서 차별 없는 세상인 '율도국'을 만들고 그곳에서 살았어. 어때? 내 이야기를 듣고 나에 대해 어떻게 생각하게 됐니? 나는 영웅일까, 도둑일까?

◆ **지위**: 개인의 사회적 신분에 따르는 위치나 자리
◆ **탐관오리**: 백성의 재물을 탐내어 빼앗는, 행실이 깨끗하지 못한 관리

≫ 글 내용 한눈에 보기 ●●●

	「홍길동전」의 주인공, '홍길동'
살던 시대	• ① ㅅㅂ 제도가 엄격하게 지켜지던 조선 시대 • ② ㄴㅅ 중심의 사회
신분	아버지는 ③ ㅇㅂ 이지만 어머니가 천민 출신의 첩이었기 때문에 서자로 태어나 차별을 받음
활동	• ④ ㅎㅂㄷ 을 만들어서 탐관오리들을 혼내 줌 • 조선을 떠나 차별 없는 세상인 ⑤ ㅇㄷㄱ 을 만듦
평가	• 백성들은 홍길동을 '영웅'이라고 칭송함 • 양반들은 홍길동을 '도둑'이라고 부르며 잡으려고 애씀

내용 이해

01 홍길동이 살던 시대에 대한 설명으로 알맞지 <u>않은</u> 것은 무엇인가요? [✎   ]

① 태어날 때부터 신분이 정해져 있었다.

② 한 남자가 여러 여자를 데리고 살 수 있었다.

③ 여자도 남자와 마찬가지로 나라의 관리가 될 수 있었다.

④ 양반이 아니면 능력이 뛰어나도 과거 시험을 볼 수 없었다.

⑤ 탐관오리가 힘없는 백성을 괴롭히고 재산을 빼앗기도 했다.

내용 추론

02 홍길동이 한 일이 <u>아닌</u> 것은 무엇일까요? [✎   ]

① 도둑 떼를 모아 활빈당을 만들었다.

② 조선을 떠나 차별 없는 세상인 율도국을 세웠다.

③ 무술을 배워야 할 시간에도 쉬지 않고 공부를 했다.

④ 탐관오리의 재산을 빼앗아 다시 백성에게 나누어 주었다.

⑤ 백성을 괴롭히고 백성의 재물을 빼앗는 탐관오리를 혼내 주었다.

내용 추론

03 홍길동이 바란 세상의 모습은 어떠할까요? [✎   ]

① 신분 차별이 없는 세상

② 외모를 중요시하지 않는 세상

③ 뛰어난 능력이 필요 없는 세상

④ 잘못을 해도 벌을 받지 않는 세상

⑤ 재물이 없어도 살아갈 수 있는 세상

중심 내용 쓰기

04 이 글의 중심 내용을 한 문장으로 완성해 보세요.

> 홍길동은 잘못된 세상을 바로잡기 위해 탐관오리의 재산을 빼앗아 다시 백성에게
> 나누어 주었는데, 이 때문에 ✎ _____
> 이라는 서로 다른 평가를 받게 되었다.

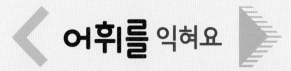

정답과 해설 35쪽

01 다음 낱말의 뜻을 찾아 바르게 연결해 보세요.

1 정식 •

2 조직 •

3 지위 •

• ㄱ 정당한 격식이나 의식

• ㄴ 개인의 사회적 신분에 따르는 위치나 자리

• ㄷ 특정한 목적을 달성하기 위하여 여러 요소를 모아서 이룬 집단

02 제시된 뜻과 예문을 참고하여 다음 초성에 해당하는 낱말을 빈칸에 쓰세요.

1 ㅇ ㄱ ㅎ : 어떤 일을 이루기 위해서 몹시 애쓰는 힘

예 나는 책상을 옮기기 위해 (   )을 쓰고 있었다.

2 ㅊ ㅂ : 둘 이상의 대상을 각각 등급이나 수준 따위의 차이를 두어서 구별함

예 부모님은 우리 남매를 (   ) 없이 사랑해 주셨다.

3 ㅌ ㄱ ㅇ ㄹ : 백성의 재물을 탐내어 빼앗는, 행실이 깨끗하지 못한 관리

예 암행어사가 마패를 들고 나타나 (   )를 옥에 가두라고 지시했다.

03 다음 문장에 들어갈 알맞은 낱말을 보기 에서 찾아 쓰세요.

> **보기**
>
> 기회   무술   소망   제도

1 할머니께서는 둥근 달을 바라보며 마음속의 [ ][ ]을 비셨다.

2 나는 잠자코 이야기를 들으며 내가 말할 [ ][ ]를 엿보고 있었다.

16 우리 생활 속에 숨어 있는 보색의 신비

① 왼쪽에 있는 빨간색 붕어를 한참 바라보자. 이제 눈길을 돌려 흰색의 어항을 보면 청록색의 붕어가 잠시 나타날 것이다. 이런 현상은 왜 일어나는 것일까? 이 현상을 이해하기 위해서는 먼저 '보색'이 무엇인지를 알아야 한다.

② '보색'이란 다른 색상의 두 빛깔이 섞여 하양이나 검정이 될 때, 이 두 빛깔을 서로 이르는 말이다. 오른쪽의 색상환에서 서로 마주 보는 색으로, 주황과 파랑, 노랑과 남색이 대표적인 보색 관계라고 할 수 있다. 보색은 서로 반대되는 색이므로, 보색 관계에 있는 두 색상은 그 차이가 강하게 느껴진다. 그래서 보색 관계를 이루는 색들을 함께 배치하면 선명한 인상을 주게 되는데, 이를 '보색 대비'라고 한다.

③ 우리는 일상생활에서 이 보색 대비를 흔하게 만날 수 있다. 청록색 양상추로 가득한 그릇의 한 가운데 초록색 방울토마토가 놓인 것보다, 빨간색 방울토마토가 있을 때 더 눈에 잘 띈다. 이렇듯 보색을 쓰면 강렬하고 선명한 인상을 주기 때문에 멀리서도 잘 보이고 기억에도 오래 남는다. 어두운색인 도로 한 가운데를 노란색 선으로 구분해 놓은 것도, 구명튜브와 구명조끼를 주황색으로 만들어 푸른 바다에서도 잘 보이도록 한 것도 모두 보색 대비를 활용한 것이다.

④ 그렇다면 앞에서 빨간색 붕어를 오랫동안 바라보다가 흰색의 어항으로 눈을 돌렸을 때 청록색의 붕어가 잠시 나타났던 이유는 무엇일까? 이 현상은 빨간색으로 피로해진 시각세포가 균형을 이루기 위해 스스로 일으킨 것이다. 어떤 색을 오래 보면 머릿속은 저절로 그 보색을 함께 떠올리는데, 이것은 감각이 한쪽으로 치우치는 것을 막으려는 우리 몸의 자연스러운 작용이다. 짠 음식을 먹으면 몸 안의 염분을 알맞게 조절하기 위해 자연스레 물이 먹고 싶어지는 것처럼 말이다. 이처럼 어떤 빛깔을 보다가 다른 곳이나 흰 종이로 눈을 돌리게 될 때, 그 보색이 나타나는 현상을 '보색 잔상'이라고 한다.

⑤ 보색 잔상 역시 우리의 일상생활에서 응용된 예가 있다. 바로 병원의 수술실이다. 의사는 평소에 흰색 가운을 입지만, 수술을 할 때는 청록색의 수술복을 입는다. 왜 그럴까?

의사는 수술 도중에 환자들의 붉은 피를 계속 보게 된다. 이때 만약 수술복이 흰색이라면, 보색 잔상 때문에 빨간색의 보색인 청록색이 잔상으로 남아 시야에 혼란을 줄 수 있다. 이럴 경우 자칫하면 큰 위험으로 번질 수도 있기 때문에 청록색의 수술복을 입음으로써 그러한 보색 잔상 현상을 방지하는 것이다.

◆ **인상**: 어떤 대상에 대하여 마음속에 새겨지는 느낌
◆ **잔상**: 외부 자극이 사라진 뒤에도 계속 남아 나타나는 형체. 촛불을 한참 바라본 뒤에 눈을 감아도 그 촛불의 모습이 나타나는 현상 따위임
◆ **응용된**: 어떤 이론이나 이미 얻은 지식이 구체적인 개개의 사례나 다른 분야의 일에 적용되어 이용된
◆ **방지하는**: 어떤 일이나 현상이 일어나지 못하게 막는

❯❯ 글 내용 한눈에 보기 ●●●

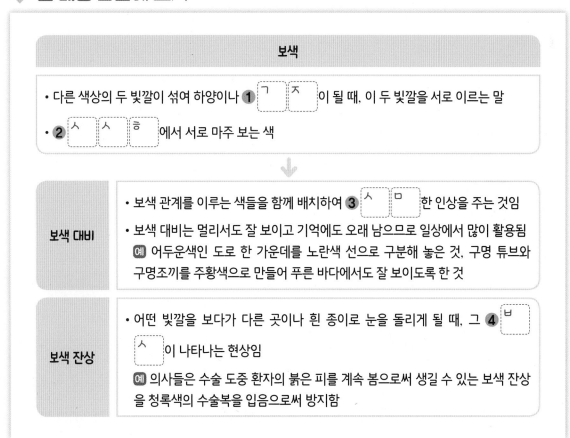

보색

• 다른 색상의 두 빛깔이 섞여 하양이나 ❶ [ㄱ][ㅈ] 이 될 때, 이 두 빛깔을 서로 이르는 말

• ❷ [ㅅ][ㅅ][ㅎ] 에서 서로 마주 보는 색

보색 대비
• 보색 관계를 이루는 색들을 함께 배치하여 ❸ [ㅅ][ㅁ] 한 인상을 주는 것임
• 보색 대비는 멀리서도 잘 보이고 기억에도 오래 남으므로 일상에서 많이 활용됨
예 어두운색인 도로 한 가운데를 노란색 선으로 구분해 놓은 것, 구명 튜브와 구명조끼를 주황색으로 만들어 푸른 바다에서도 잘 보이도록 한 것

보색 잔상
• 어떤 빛깔을 보다가 다른 곳이나 흰 종이로 눈을 돌리게 될 때, 그 ❹ [ㅂ][ㅅ] 이 나타나는 현상임
예 의사들은 수술 도중 환자의 붉은 피를 계속 봄으로써 생길 수 있는 보색 잔상을 청록색의 수술복을 입음으로써 방지함

글을 이해해요

01 이 글에 대한 설명으로 알맞은 것을 골라 보세요.

1 보색 관계를 이루는 색들을 함께 배치하면 [강렬한 / 부드러운] 인상을 줄 수 있다.

2 수술 도중 붉은색을 오랫동안 보아야 하는 의사는 그 보색인 [노란색 / 청록색] 옷을 입는다.

3 어떤 빛깔을 보다가 다른 곳이나 흰 종이로 눈을 돌리게 될 때, 그 보색이 나타나는 현상을 [보색 대비 / 보색 잔상]이라고 한다.

02 보색에 대한 설명으로 알맞지 <u>않은</u> 것은 무엇인가요? [ ]

① 보색 대비를 활용하면 멀리서도 잘 보이고 기억에도 오래 남는다.
② 두 색을 서로 섞었을 때 검정이 되었다면 이 두 색은 보색 관계이다.
③ 보색 잔상은 감각이 한쪽으로 치우치는 것을 막으려는 우리 몸의 자연스러운 작용이다.
④ 어두운색인 도로 한 가운데를 노란색 선으로 구분해 놓은 것은 보색 잔상을 활용한 것이다.
⑤ 구명조끼를 주황색으로 만드는 것은 보색을 활용하여 푸른 바다에서도 잘 보이게 하기 위한 것이다.

03 다음 색상환을 참고할 때, 보색 관계에 해당하는 것은 무엇일까요? [ ]

① 연두 – 보라
② 주황 – 자주
③ 노랑 – 빨강
④ 초록 – 파랑
⑤ 청록 – 남색

04 이 글의 중심 내용을 한 문장으로 완성해 보세요.

보색은 ＿＿＿＿＿＿＿＿＿＿＿＿＿＿＿＿＿＿＿＿＿＿＿＿＿＿＿＿＿
＿＿＿＿＿ 말로, 보색 대비와 보색 잔상과 같은 현상들이 우리의 일상에서 활용되고 있다.

어휘를 익혀요

01 다음 낱말의 뜻을 찾아 바르게 연결해 보세요.

1 대비 •

2 인상 •

3 잔상 •

• **ㄱ** 어떤 대상에 대하여 마음속에 새겨지는 느낌

• **ㄴ** 외부 자극이 사라진 뒤에도 계속 남아 나타나는 형체

• **ㄷ** 서로 다른 성질의 것을 나란히 놓았을 때, 그 차이가 뚜렷하게 드러나는 현상

02 제시된 뜻과 예문을 참고하여 다음 초성에 해당하는 낱말을 빈칸에 쓰세요.

1 ㅇ ㅂ : 바닷물 따위에 포함되어 있는 소금기

예 (   )은 사람의 몸에 꼭 필요한 성분이지만, 너무 많이 섭취하면 몸에 해롭다.

2 ㅈ ㅇ : 어떠한 현상을 일으키거나 영향을 미침

예 균형을 잡으려는 것은 우리 몸의 자연스러운 (   )이다.

3 ㅂ ㅈ 하다: 어떤 일이나 현상이 일어나지 못하게 막다.

예 환경 오염을 (   )하기 위해 일회용품의 사용을 줄여야 한다.

03 보기에서 알맞은 낱말을 골라 다음 문장을 바르게 완성하세요.

보기

구명   시야   반대되다   응용되다

1 바다에 떠 있던 배가 점차 ☐☐에서 사라졌다.

2 우주 과학에서 개발한 기술들이 우리 생활 속에서 많이 ☐☐되고 있다.

17 고무의 발견과 발전

1 자동차의 바퀴가 고무로 만든 타이어이듯, 자전거나 수레 등의 바퀴도 모두 고무로 되어 있다. 우리는 손을 보호하기 위해 고무장갑을 끼고, 비가 올 때는 고무로 된 장화를 신는다. 또한 흘러내리는 머리카락은 고무줄로 묶고, 연필이나 샤프로 글씨를 잘못 쓰면 지우개로 지운다. 이렇게 보니 고무는 현대인에게 없어서는 안 될 물건이다. 하지만 이렇게 유용한 고무가 언제, 어떻게 발견되었는지 아는 사람은 드물다.

2 파라고무나무 껍질을 비스듬하게 깎으면 나무껍질 틈에서 수액이 흘러나온다. 이 수액이 천연고무이다. 아메리카 대륙의 남부에 있는 아이티라는 섬의 사람들은 이 수액으로 공을 만들어서 놀았다. 15세기 후반에 이곳에 오게 된 콜럼버스는 이 모습이 신기해서 천연고무를 유럽에 가지고 갔다. 그렇게 시간이 흘러 18세기의 한 과학자가 천연고무로 연필 자국을 지울 수 있다는 사실을 발견했다. 그 후로 천연고무는 지우개로 사용되었다. 하지만 천연고무는 여름에는 끈적끈적해지고 겨울에는 딱딱해져 사용하기 불편했다. 고무로 장화나 옷도 만들었지만, 천연고무를 사용했기 때문에 여전히 불편한 점이 많았다.

3 미국의 발명가인 '찰스 굿이어'는 어릴 때부터 고무에 관심이 많았다. 고무로 만든 코트와 바지를 입고 다닐 정도였다. 사람들은 그런 굿이어를 이상하게 생각하며 흉보았지만, 굿이어는 천연고무를 더 좋게 만들려고 끊임없이 노력했다. 그는 실험을 계속하다가 1839년 어느 날, 천연고무에 유황 가루를 섞어 열을 가하면 더 좋은 고무가 된다는 것을 알아냈다. 고무는 원래 전기가 통하지 않고 물도 흡수하지 않는다. 게다가 천연고무에 유황 가루를 섞어 만든 가황 고무는 변형이 되어도 원래의 모양으로 돌아가려는 탄성이 커서 다양한

이게 다 고무로 만든 물건들이야.

고무장갑

고무줄

지우개

타이어

물건으로 만들기에 적절했다. 굿이어의 발명 이후로 가황 고무는 타이어, 호스 등 다양한 물건을 만드는 데에 쓰이기 시작했다.

④ 고무의 쓰임새는 점점 늘어났지만, 문제가 있었다. 파라고무나무는 온도와 습도가 높은 특정한 지역에서밖에 자라지 않는 나무라서 천연고무의 가격이 매우 비쌌다. 그러다 보니 고무를 인공적으로 만드는 방법이 연구되었고, 마침내 석유를 이용한 합성 고무가 발명되었다. 이후 고무를 이용한 공업과 고무에 관한 화학적 연구가 진행되어 합성 고무의 한 종류인 네오프렌이 개발되기에 이르렀다. 열에 강하고 잘 녹지 않는 네오프렌은 가볍고 잘 썩지 않으며 접착 성질도 있어서 잠수용 옷, 전선, 호스, 접착제에 두루 쓰이고 있다.

◆ **습도**: 공기 가운데 수증기가 들어 있는 정도
◆ **인공적**: 사람의 힘으로 만든 것

≫ 글 내용 한눈에 보기 ●●●

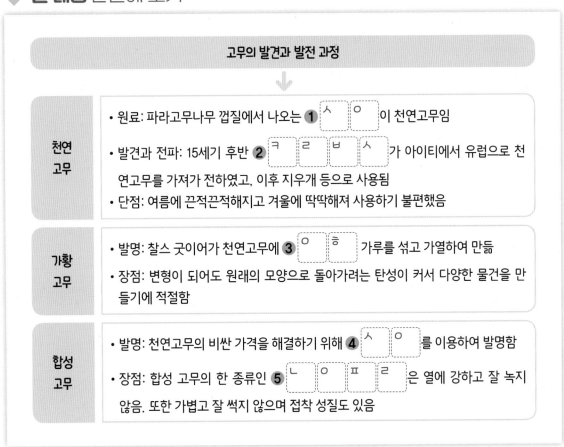

고무의 발견과 발전 과정

천연 고무
- 원료: 파라고무나무 껍질에서 나오는 ① ㅅ ㅇ 이 천연고무임
- 발견과 전파: 15세기 후반 ② ㅋ ㄹ ㅂ ㅅ 가 아이티에서 유럽으로 천연고무를 가져가 전하였고, 이후 지우개 등으로 사용됨
- 단점: 여름에 끈적끈적해지고 겨울에 딱딱해져 사용하기 불편했음

가황 고무
- 발명: 찰스 굿이어가 천연고무에 ③ ㅇ ㅎ 가루를 섞고 가열하여 만듦
- 장점: 변형이 되어도 원래의 모양으로 돌아가려는 탄성이 커서 다양한 물건을 만들기에 적절함

합성 고무
- 발명: 천연고무의 비싼 가격을 해결하기 위해 ④ ㅅ ㅇ 를 이용하여 발명함
- 장점: 합성 고무의 한 종류인 ⑤ ㄴ ㅇ ㅍ ㄹ 은 열에 강하고 잘 녹지 않음. 또한 가볍고 잘 썩지 않으며 접착 성질도 있음

글을 이해해요

내용 이해

01 이 글에 대한 설명으로 알맞은 것을 골라 보세요.

1 [천연고무 / 합성 고무]는 여름에 끈적끈적해진다는 단점이 있다.

2 [천연고무 / 가황 고무]의 높은 가격을 해결하기 위해 합성 고무가 발명되었다.

내용 이해

02 고무에 대한 설명으로 알맞은 것은 무엇인가요? [   ]

① 전기가 잘 통한다.
② 물을 흡수하지 않는다.
③ 가장 먼저 사용된 것은 합성 고무이다.
④ 고무나무가 없으면 절대로 만들 수 없다.
⑤ 콜럼버스가 고무나무에서 처음 발견하였다.

내용 이해

03 가황 고무와 합성 고무를 비교할 때 알맞지 <u>않은</u> 것은 무엇인가요? [   ]

	가황 고무	합성 고무
만드는 방법	① 천연고무에 유황 가루를 섞어 열을 가해 만든다.	② 천연고무와 석유를 합성하여 만든다.
장점	③ 원래 고무의 성질을 유지하면서도 탄성이 크다.	④ 네오프렌은 열에 강하고 잘 녹지 않는다. ⑤ 네오프렌은 가볍고 잘 썩지 않는다.

내용 추론

04 다음 중 고무로 만든 물건이 <u>아닌</u> 것은 무엇일까요? [   ]

① 책 ② 지우개 ③ 타이어
④ 고무줄 ⑤ 고무장갑

중심 내용 쓰기

05 이 글의 중심 내용을 한 문장으로 완성해 보세요.

> 아이티에서 유럽으로 천연고무가 전파된 이후, 고무는 ✎ _____
> _____ 로 발전해 왔다.

01 다음 낱말의 뜻을 찾아 바르게 연결해 보세요.

1 탄성 •

2 후반 •

3 인공적 •

• ㄱ 사람의 힘으로 만든 것

• ㄴ 변형이 되어도 원래의 모양으로 되돌아가려고 하는 성질

• ㄷ 어떤 일이나 시기를 둘로 나누었을 때, 그 뒤쪽에 해당하는 부분

02 제시된 뜻과 예문을 참고하여 다음 초성에 해당하는 낱말을 빈칸에 쓰세요.

1 ㅅ ㄱ 하다: 믿을 수 없을 정도로 색다르고 놀랍다.

예 엄마가 배를 만져 주시자, (　　　　　)하게도 아픈 배가 다 나았다.

2 ㅎ ㅂ 다: 남의 잘못된 점이나 부족한 점을 들어 말하다.

예 서연이는 성질이 급한 치우의 행동을 (　　　　　)았다.

3 ㄱ ㅂ 되다: 새로운 물건이 만들어지거나 새로운 생각이 나오다.

예 새로운 독감 치료제가 국내 연구진에 의해 (　　　　　)되었다.

03 다음 문장에 들어갈 알맞은 낱말을 보기 에서 찾아 쓰세요.

보기

발명　　　변형　　　습도　　　온도

1 장마철에는 □□ 가 높아서 빨래가 잘 마르지 않는다.

2 금은 가격이 비싸지만, □□ 이 쉽고 녹슬지 않아 귀금속은 물론 산업용으로도 쓰인다.

사람이 만든 비

❶ 미세 먼지 때문에 희뿌연 하늘을 보면 마음마저 답답해진다. 그럴 때 시원하게 비가 내려 미세 먼지가 씻기고 하늘이 맑아지면 비가 고마워질 정도다. 하지만 비가 내리는 것은 자연 현상으로, 우리가 원한다고 해서 내리는 것이 아니다. 그런데도 사람의 힘으로 비를 내리게 할 수 있다면 어떨까? 미세 먼지가 심한 날에 비를 내리게 할 수 있다면 점점 심해지는 미세 먼지 문제를 해결할 수 있지 않을까? 실제로 이와 관련한 실험이 이루어지고 있다고 하니 살펴보기로 하자.

❷ 인공 강우는 말 그대로 사람의 힘으로 비를 내리게 만드는 것이다. 그러나 구름 한 점 없이 맑은 날에 갑자기 비를 만들 수는 없으므로, 이미 있는 비구름을 이용해야 한다. 그래서 로켓이나 비행기를 이용해 비구름에 구름 씨를 뿌려 비가 내리게 만든다. 여기서 구름 씨란 인공 강우를 만들기 위해 구름에 뿌리는 화학 물질을 의미한다. 뿌려진 구름 씨 알갱이를 중심으로 구름 속의 작은 물방울이 모여들면 알갱이가 점점 더 커지고, 이 알갱이의 무게가 무거워지면 비나 눈이 되어 떨어지는 것이다.

❸ 그렇다면 인공 강우는 누가, 언제부터 연구하기 시작했을까? 미국에서 물 부족 문제를 해결하고 우박 피해를 줄이기 위해 시작된 인공 강우 실험은 1946년에 최초로 성공하였다. 그 후 중국이 10여 년 전부터 인공 강우를 이용하여 미세 먼지를 줄이는 실험을 하였다. 하지만 인공 강우가 미세 먼지 해결에 효과가 있다는 사실은 아직 밝혀지지 않았다. 미세 먼

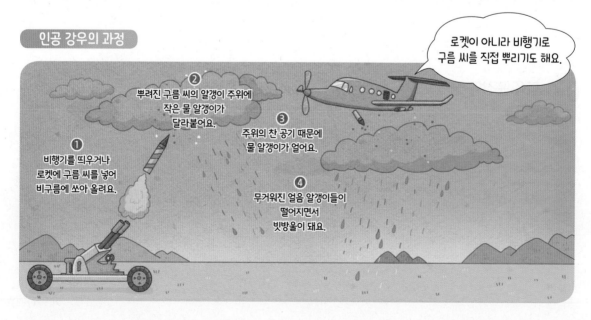

인공 강우의 과정

로켓이 아니라 비행기로 구름 씨를 직접 뿌리기도 해요.

❶ 비행기를 띄우거나 로켓에 구름 씨를 넣어 비구름에 쏘아 올려요.

❷ 뿌려진 구름 씨의 알갱이 주위에 작은 물 알갱이가 달라붙어요.

❸ 주위의 찬 공기 때문에 물 알갱이가 얼어요.

❹ 무거워진 얼음 알갱이들이 떨어지면서 빗방울이 돼요.

지는 주로 맑고 화창한 날에 생기는데, 인공 강우는 흐린 날에 비구름이 있어야만 가능하기 때문이다. 중국 외의 다른 나라에서도 미세 먼지를 없애기 위한 인공 강우 실험을 계속하고 있지만 이런 이유로 성공적인 결과를 얻지 못하고 있다.

4 우리나라에서도 인공 강우 실험을 하였다. 2017년 경기도와 기상청이 인공 강우를 이용하여 미세 먼지를 없애는 실험을 했지만 실패하였다. 미세 먼지를 줄이려면 최소한 한 시간에 10mm 이상의 비가 와야 하는데, 인공 강우로 그 정도의 비를 내리게 할 수는 없었기 때문이다. 아홉 번의 실험 중에 네 번은 평균 0.88mm의 비가 내렸고, 다섯 번은 전혀 비가 내리지 않았다. 아직까지는 기술력의 부족과 날씨 조건의 한계로, 인공 강우를 이용하여 미세 먼지 문제를 해결하기는 어렵다. 하지만 인공 강우는 가뭄 해소, 무더위나 산불 예방 등 많은 부분에 도움이 될 수 있으므로 과학자들은 인공 강우에 대해 끊임없이 연구하고 있다.

◆ **미세:** 분간하기 어려울 정도로 아주 작음

글 내용 한눈에 보기

인공 강우	① ㅅ ㄹ 의 힘으로 비를 내리게 하는 것
인공 강우가 내리는 과정	로켓이나 비행기를 이용해 비구름에 구름 씨를 뿌림 → 뿌려진 구름 씨 알갱이를 중심으로 구름 속의 작은 물방울이 모여듦 → 알갱이가 점점 더 커짐 → 알갱이의 무게가 무거워지면 비나 눈이 되어 떨어짐
↓	
외국의 실험	• 미국: ② ㅁ 부족 문제를 해결하고 ③ ㅇ ㅂ 피해를 줄이기 위해 시작하였고, 1946년에 최초로 성공함 • 중국: 10여 년 전부터 미세 먼지를 줄이기 위해 실험함
우리나라의 실험	2017년 인공 강우를 이용하여 ④ ㅁ ㅅ ㅁ ㅈ 를 없애는 실험을 했지만 실패함

글을 이해해요

내용 이해

01 인공 강우에 대한 설명으로 알맞지 <u>않은</u> 것은 무엇인가요? [✎   ]

① 우리나라에서도 인공 강우 실험을 하고 있다.

② 1946년에 미국에서 최초로 실험에 성공하였다.

③ 자연의 힘만으로 비를 내리게 할 수 있는 기술이다.

④ 처음에는 물 부족과 우박 문제 해결을 위한 것이었다.

⑤ 여러 나라에서 인공 강우로 미세 먼지를 없애는 실험을 계속하고 있다.

내용 추론

02 인공 강우로 미세 먼지를 없애는 데 실패한 이유는 무엇일까요? [✎   ]

① 미세 먼지는 화창한 날이 아니라 비구름이 많은 날에 생겨서

② 미세 먼지가 많은 날에는 로켓이나 비행기를 띄울 수 없어서

③ 미세 먼지가 많은 날에 인공 강우를 만들면 비가 아닌 눈이 와서

④ 미세 먼지는 주로 맑은 날에 생기는데 인공 강우는 비구름이 필요해서

⑤ 미세 먼지가 많은 날은 날씨가 더워 구름 속 물방울이 얼어붙지 않아서

내용 이해

03 우리나라에서 인공 강우를 실험한 내용으로 알맞지 <u>않은</u> 것은 무엇인가요?

 [✎   ]

실험 보고서

- **날짜, 실험을 한 주체:** 2017년, 경기도와 기상청 ⋯⋯⋯⋯⋯⋯⋯⋯⋯⋯ ①
- **목적:** 인공 강우를 이용하여 미세 먼지를 없애기 위함 ⋯⋯⋯⋯⋯ ②
- **결과:** – 아홉 번 중에 네 번은 평균 0.88mm의 비가 내림 ⋯⋯⋯⋯ ③
  – 아홉 번 중에 다섯 번은 전혀 비가 내리지 않음 ⋯⋯⋯⋯⋯ ④
- **의의:** 비의 양이 미세 먼지를 없애기에 적절함 ⋯⋯⋯⋯⋯⋯⋯⋯⋯ ⑤

중심 내용 쓰기

04 이 글의 중심 내용을 한 문장으로 완성해 보세요.

인공 강우로 미세 먼지 문제를 해결하기는 어렵지만, ✎ _____

_____ 에 도움이 될 수 있으므로 과학자들은 인공 강우에

대해 끊임없이 연구하고 있다.

01 다음 낱말의 뜻을 찾아 바르게 연결해 보세요.

❶ 미세 •

❷ 예방 •

❸ 현상 •

• ㉠ 분간하기 어려울 정도로 아주 작음

• ㉡ 인간이 직접 느끼어 알 수 있는, 사물의 모양과 상태

• ㉢ 질병이나 재해 따위가 일어나기 전에 미리 대처하여 막는 일

02 제시된 뜻과 예문을 참고하여 다음 초성에 해당하는 낱말을 빈칸에 쓰세요.

❶ ㄱ ㅇ : 비가 내림. 또는 그 비

예 이번 (   )로 전국의 가뭄이 해소될 것으로 보인다.

❷ ㅅ ㄱ 하다: : 목적하는 바를 이루다.

예 나는 아버지와 함께 뒷산의 꼭대기까지 오르는 데에 (   )했다.

❸ ㄱ ㄴ 하다: 할 수 있거나 될 수 있다.

예 이 장난감 로봇은 다양한 모양으로 변신이 (   )하다.

03 다음 문장에 들어갈 알맞은 낱말을 보기에서 찾아 쓰세요.

보기

실험   조건   해소   효과

❶ 나는 스트레스 [   ] 를 위해 노래를 크게 부르곤 한다.

❷ 의식주는 인간이 생활하기 위해 꼭 필요한 세 가지 [   ] 이다.

19 피보나치수열 이야기

❶ 1, 1, 2, 3, 5, 8, 13, 21, 34, 55, …… 혹시 이런 숫자들이 늘어선 것을 본 적이 있는가? 여기에는 어떤 비밀이 숨어 있을까? 바로 앞의 두 수를 더하면 뒤의 수가 된다는 것이다. 이 렇게 어떤 규칙에 따라 숫자들이 차례로 줄을 서 있는 것을 '수열'이라고 한다. 앞에서 말한 숫자의 규칙은 중세 이탈리아의 수학자 '피보나치'가 발견했으므로, 그의 이름을 따서 '피보 나치수열'이라고 부른다.

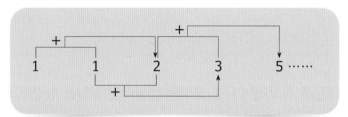

❷

▲ 앵초

▲ 무궁화

▲ 코스모스

그런데 이 피보나치수열을 수학에서만 찾을 수 있는 것은 아니다. 위의 사진에서 앵초의 꽃잎은 5개이다. 꽃잎이 5개인 꽃에는 또 무엇이 있을까? 무궁화와 배꽃, 채송화 등의 꽃 잎도 5개이다. 이렇게 우리의 주변에서 흔히 볼 수 있는 꽃잎의 개수에서 피보나치수열에 있는 수를 찾아볼 수 있다. 꽃잎이 8개인 꽃도 있다. 바로 코스모스이다. 이렇게 피보나치 수열에 있는 숫자만큼 꽃잎이 나는 것은 햇빛을 골고루 잘 받기 위해서이다. 모든 꽃의 꽃 잎 수가 피보나치수열에 있는 수로만 이루어져 있는 것은 아니지만, 많은 꽃에서 이 수를 발견할 수 있다는 것은 참 신기한 일이다.

❸ 한편, 해바라기 씨앗은 중심을 향하여 시계 방향과 반시계 방향으로 들어가 있다. 예를 들어 시계 방향으로 21개의 선이 있다면, 반시계 방향으로는 34개의 선이 있 다. 시계 방향으로 34개라면 반시계 방향으로는 55개가 있다. 해바라기 씨앗의 배열에서도 피보나치수열의 이웃

하는 두 수를 찾을 수 있다. 이런 모양은 씨앗이 작은 공간에 최대한 많이 들어가 서로 뭉쳐 비바람을 견디기 위한 것이라고 한다.

④ 잎차례에서도 피보나치수열을 찾아볼 수 있다. 잎차례는 줄기를 따라 잎이 일정한 차례나 간격에 맞춰 달리는 모양을 말한다. 첫 번째 잎이 난 위치와 같은 위치 선상에 잎이 날 때까지 줄기를 도는 횟수를 분자로, 그때까지 난 잎의 수를 분모로 표현한다. 줄기를 2번 도는 동안 잎이 5개 나왔다면 $\frac{2}{5}$ 잎차례라고 한다. 이때 잎차례의 분자와 분모의 숫자가 피보나치수열의 수인 경우가 많다.

◆ **배열**: 일정한 차례나 간격에 따라 벌여 놓음
◆ **선상**: 선의 위라는 뜻으로, 어떤 상태에 있음을 이르는 말

⟩⟩ 글 내용 한눈에 보기 •••

피보나치수열	• 중세 이탈리아의 수학자 '피보나치'가 발견함
	• 앞의 두 수를 ❶ [ㄷ] 하면 뒤의 수가 됨

⬇

꽃잎의 개수	해바라기 씨앗의 배열	잎차례 분수
• ❷ [ㄲ][ㅇ]의 개수가 5개, 8개인 꽃들을 주변에서 쉽게 찾을 수 있음 • 꽃잎의 개수는 햇빛을 골고루 잘 받기 위한 것과 관련 있음	• 시계 방향과 반시계 방향으로 선을 셀 때, 선의 개수는 피보나치 수열의 이웃하는 두 수임 • 작은 공간에 최대한 많은 ❸ [ㅆ][ㅇ]이 들어가기 위함임	• 잎차례는 ❹ [ㅈ][ㄱ]를 따라 잎이 차례로 나는 모양을 말함 • 잎차례를 표현할 때, 분자와 분모의 숫자가 피보나치 수열의 수인 경우가 많음

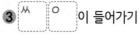

<글을 이해해요 >

내용 이해

01 이 글을 이해한 내용으로 알맞지 <u>않은</u> 것은 무엇인가요? [✎   ]

① 꽃잎의 개수에서 피보나치수열에 있는 수를 찾아볼 수 있다.

② 잎차례를 표현할 때, 분자와 분모가 피보나치수열의 숫자인 경우가 많다.

③ 해바라기 씨앗의 배열에서도 피보나치수열의 이웃하는 두 수를 찾을 수 있다.

④ 피보나치수열에 있는 숫자만큼 꽃잎이 나는 것은 햇빛을 골고루 받기 위해서이다.

⑤ 해바라기 씨앗이 들어가 있는 선을 시계 방향으로 셌을 때 34개라면, 반시계 방향으로는 21개가 있을 것이다.

내용 이해

02 이 글로 보아 피보나치수열과 관련이 <u>없는</u> 것은 무엇인가요? [✎   ]

① 잎차례 분수

② 앵초 꽃잎의 개수

③ 무궁화 꽃잎의 개수

④ 코스모스가 피는 날짜

⑤ 해바라기 씨앗이 배열된 선의 개수

내용 추론

03 **보기**의 설명을 읽고, 빈칸에 들어갈 알맞은 수를 각각 쓰세요. [✎   ,   ]

> **보기**
>
> 피보나치수열은 처음 두 수를 1과 1로 한 후, 그다음부터는 바로 앞의 두 개의 수를 더해 만드는 수열을 말한다.
>
> 예 1, 1, 2, 3, 5, 8, 13, [   ], 34, 55, [   ], 144, ……

중심 내용 쓰기

04 이 글의 중심 내용을 한 문장으로 완성해 보세요.

> 피보나치수열은 앞의 두 수를 더하면 뒤의 수가 되는 수열로, 수학에서뿐만 아니라
>
> ✎ _____
>
> 등에서 발견할 수 있다.

어휘를 익혀요

01 다음 낱말의 뜻을 찾아 바르게 연결해 보세요.

1 간격 •　　　• **ㄱ** 공간적으로 벌어진 사이

2 수열 •　　　• **ㄴ** 역사에서, 고대와 근대의 중간 시대

3 중세 •　　　• **ㄷ** 일정한 규칙에 따라 한 줄로 배열된 수의 열

02 제시된 뜻과 예문을 참고하여 다음 초성에 해당하는 낱말을 빈칸에 쓰세요.

1 ㅂ ㅇ : 일정한 차례나 간격에 따라 벌여 놓음

　　예 문제들의 (　　　　　)은 쉬운 것에서 어려운 것으로 되어 있다.

2 ㅅ ㅅ : 선의 위라는 뜻으로, 어떤 상태에 있음을 이르는 말

　　예 경찰은 김 모 씨를 수사 (　　　　　)에 놓고 조사하고 있다.

3 ㅇ ㅇ 하다: 나란히 또는 가까이 있어 경계가 서로 붙어 있다.

　　예 두 나라는 서로 (　　　　　)하며 예로부터 무역이 활발하였다.

03 다음 문장에 들어갈 알맞은 낱말을 **보기**에서 찾아 쓰세요.

> **보기**
>
> 분모　　　횟수　　　반시계　　　최대한

1 엄마는 텔레비전의 소리 크기를 [　][　][　] 키우셨다.

2 냉장고 문을 여닫는 [　][　]를 줄이면 전기를 아낄 수 있다.

20 조선을 사랑한 서양인, 어니스트 베델

❶ 1910년부터 1945년까지의 일제 강점기는 일본이 우리나라의 권리를 빼앗고 강제로 점령한 시기이다. 당시 우리 민족은 빼앗긴 나라의 주권을 되찾기 위해 많은 노력을 기울였으며, 수많은 독립운동가들이 나라를 지키기 위해 자신의 목숨까지 희생했다. 그런데 이러한 독립운동가들 중에는 외국인임에도 불구하고 조선의 독립을 위해 자신의 삶을 바친 인물도 있는데, 대표적인 인물이 바로 어니스트 베델(1872~1909)이다.

❷ 영국에서 태어난 어니스트 베델은 15세 때 일본에 건너가 10여 년간 무역업을 하였으나, 1904년 러일 전쟁이 일어나자 이를 취재하기 위해 『데일리 뉴스』라는 언론사의 특파원 자격으로 우리나라에 들어왔다. 러일 전쟁을 취재하던 중 베델은 일제가 당시 조선의 백성들을 괴롭히는 것을 보고 분개하여 일제의 침략 행위를 고발하는 기사를 썼다. 그러나 그가 몸담고 있던 신문사는 친일 성향이었기 때문에 베델의 기사들은 신문에 제대로 실리지 못했다. 또한 일제의 감시와 검열 때문에 당시 조선의 기자들 역시 우리나라가 처한 상황을 다른 나라에 알리는 기사를 실을 수가 없었기에, 일제의 침략 행위는 세상에 알려지지 않았다. 이에 베델은 기자로서 깊은 고민에 빠졌다. 특히 당시 영국은 일본과 동맹국이었기에 일제에 유리한 기사를 써야 하는 상황이었고, 그는 이러한 현실에 더 큰 괴로움을 느꼈다.

'아! 일본 때문에 조선인들이 고통받고 있구나. 일본이 조선을 보호하고 있다는 말은 사실이 아니야. 조선인들이 일본을 환영한다는 것도 거짓이었어. 그런데도 사실을 감추고 거짓 기사를 쓸 수는 없지. 조선의 현실을 세상에 알릴 수 있는 방법이 없을까?'

❸ 결국 베델은 다니던 신문사를 나와 독립운동가이자 언론인이었던 양기탁과 함께 『대한매일신보』라는 신문을 만들었다. 『대한매일신보』는 당시 신문 가운데 가장 강력하게 일제의 침략 행위를 비판했다. 신문은 전국에서 벌어지는 독립운동을 자세하게 전하는 한편, 일제가 우리나라의 문화재를 몰래 훔치고 있다는 기사도 실었다. 이런 기사는 영어로도 쓰여 『코리아 데일리 뉴스』라는 이름으로 발행되었고, 일제의 조선 침략 행위는 세계에 알려지기 시작했다.

❹ 베델이 신문을 통해 일제의 침략 행위를 낱낱이 밝히자 일본은 그의 활동을 방해하기 시작했다. 일본은 영국 정부에 베델을 추방할 것을 요청하는 등 그를 처벌하기 위해 온갖 수단을 썼다. 베델은 여러 차례의 재판

을 거치면서 구속되기도 했지만, 석방되면 다시 조선에 돌아와 신문을 만들었다. 그러는 동안 그의 건강은 많이 나빠졌고, 안타깝게도 서른일곱의 나이에 우리나라에서 눈을 감았다. 그는 죽으면서도 다음과 같은 말을 남겼다.

"나는 죽지만 『대한매일신보』는 길이 살아 조선 동포를 구하기를 원하노라."

5 많은 사람들의 슬픔과 애도 속에 그는 서울에 있는 '양화진 외국인 선교사 묘원'에 묻혔다. 그리고 1968년, 베델은 그 공로를 인정받아 대한민국 건국 훈장을 받았다. 건국 훈장은 나라를 세우는 데 뚜렷한 공을 세운 사람에게 주는 상으로, 외국인이 이 훈장을 받은 것은 베델이 최초였다. 그는 국적을 넘어서 폭력에 맞선 세계인이자, '배설'이라는 한글 이름을 가질 정도로 조선을 뜨겁게 사랑했던 인물로서 우리 마음속에 영원히 남을 것이다.

◆ **점령한**: 남의 땅이나 장소를 무력이나 조직된 힘으로 빼앗아 차지한
◆ **주권**: 한 나라의 의사나 정책을 결정할 수 있는 최고의 권력
◆ **분개하여**: 몹시 분하게 여기어
◆ **검열**: 언론, 출판, 보도, 연극, 영화, 우편물 따위의 내용을 미리 심사하여 그 발표를 통제하는 일

≫ 글 내용 한눈에 보기 ●●●

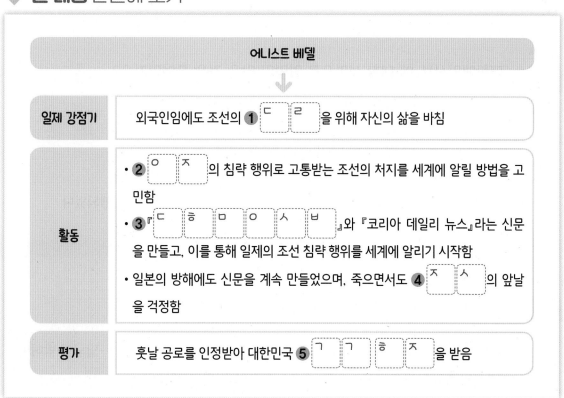

	어니스트 베델
일제 강점기	외국인임에도 조선의 **1** ⬚ ⬚ 을 위해 자신의 삶을 바침
활동	• **2** ⬚ ⬚ 의 침략 행위로 고통받는 조선의 처지를 세계에 알릴 방법을 고민함 • **3** 『⬚⬚⬚⬚⬚⬚』와 『코리아 데일리 뉴스』라는 신문을 만들고, 이를 통해 일제의 조선 침략 행위를 세계에 알리기 시작함 • 일본의 방해에도 신문을 계속 만들었으며, 죽으면서도 **4** ⬚⬚의 앞날을 걱정함
평가	훗날 공로를 인정받아 대한민국 **5** ⬚⬚⬚⬚을 받음

01 이 글에 대한 설명이 맞으면 ○, 틀리면 ✕ 표시를 하세요.

1 베델은 새로운 신문을 발행하여 돈을 벌기 위해 조선에 들어왔다. [○ / ✕]

2 베델이 조선의 현실을 기사로 알리기 전까지는 일제의 침략 행위가 세계에 알려지지 않았다. [○ / ✕]

3 베델은 러일 전쟁을 취재하는 과정에서, 러시아가 일본을 도와 조선의 백성들을 괴롭히는 것에 분개했다. [○ / ✕]

02 보기는 어니스트 베델이 겪은 사건들입니다. 시간의 순서에 따라 기호를 적어 보세요. [✎   →   →   →   ]

> **보기**
> ㄱ 대한민국 건국 훈장을 받음
> ㄴ 『데일리 뉴스』의 특파원으로 활동함
> ㄷ 서울에 있는 '양화진 외국인 선교사 묘원'에 묻힘
> ㄹ 일본의 방해로 여러 차례의 재판을 거치면서 구속됨

03 『대한매일신보』에 대한 설명으로 알맞지 <u>않은</u> 것은 무엇인가요? [✎   ]

① 일제가 우리 문화재를 몰래 훔치고 있다는 기사를 실었다.
② 전국 각지에서 벌어지고 있던 독립운동을 자세하게 다루었다.
③ 당시의 신문 가운데 가장 강력하게 일제의 침략 행위를 비판했다.
④ 어니스트 베델이 무역업으로 번 돈으로 혼자서 처음 발행한 신문이다.
⑤ 신문의 기사는 영어로도 쓰여 『코리아 데일리 뉴스』라는 이름으로 발행되었다.

04 이 글의 중심 내용을 한 문장으로 완성해 보세요.

> 어니스트 베델은 _____ 낱낱이 밝히며
> 조선의 독립을 위해 평생을 힘쓴, 조선을 사랑한 서양인이었다.

01 다음 낱말의 뜻을 찾아 바르게 연결해 보세요.

- **1** 검열
- **2** 동포
- **3** 주권

- **ㄱ** 한 나라의 의사나 정책을 결정할 수 있는 최고의 권력
- **ㄴ** 같은 나라 또는 같은 민족의 사람을 다정하게 부르는 말
- **ㄷ** 언론, 출판, 보도, 연극, 영화, 우편물 따위의 내용을 미리 심사하여 그 발표를 통제하는 일

02 제시된 뜻과 예문을 참고하여 다음 초성에 해당하는 낱말을 빈칸에 쓰세요.

1 ㅂㄱ 하다: 몹시 분하게 여기다.

　　예 내 방을 잔뜩 어지럽힌 동생에게 (　　　　)했지만 꾹 참고 정리했다.

2 ㅈㄹ 하다: 남의 땅이나 장소를 무력이나 조직된 힘으로 빼앗아 차지하다.

　　예 당나라 군대는 국경을 넘어와 고구려의 여러 성을 (　　　　)하기 시작했다.

3 ㅂㅍ 하다: 현상이나 사물의 옳고 그름을 판단하여 밝히거나 잘못된 점을 지적하다.

　　예 이 노래는 우리 사회를 강도 높게 (　　　　)하는 내용을 담고 있다.

03 보기에서 알맞은 낱말을 골라 다음 문장을 바르게 완성하세요.

보기
　　　공로　　　애도　　　고발하다　　　추방하다

1 그는 세계 평화에 크게 이바지한 □□로 노벨 평화상을 수상하였다.

2 「양반전」은 양반의 무능력함을 익살스러운 유머와 조롱을 담아 □□한 소설이다.

실력 확인

▲ 글의 문단별 내용을 정리하고 주제를 써 보아요.

01 어디서 왔을까?

본문 8~9쪽

1문단 ☐☐☐의 의미와 원산지 표시 제도의 소개

2문단 원산지 표시 제도의 의미와 목적 및 원산지의 ☐☐ 방법

3문단 ☐☐☐에서 원산지를 표시하는 방법 및 대상

4문단 ☐☐ 음식의 원산지를 표시하는 방법

5문단 ☐☐의 원산지 및 식품 첨가물을 표시하는 방법

✎ **주제** 원산지 표시 ☐☐에 따른 식품의 원산지 표시 방법

02 백화점의 비밀

본문 12~13쪽

1문단 물건을 더 사고 싶어지게 만드는 백화점 비밀에 대한 소개

2문단 백화점 1층에 ☐☐☐이 없는 이유와 여성 물건이 많은 이유

3문단 백화점에 시계와 ☐☐이 없는 이유와 음악이 흘러나오는 이유

4문단 백화점에서 물건을 진열하거나 ☐☐의 위치를 정할 때 고려하는 점

5문단 백화점의 ☐☐☐☐가 구석에 있는 이유

✎ **주제** 물건을 더 사고 싶어지게 만드는 ☐☐☐의 비밀

03 이런 식물도 있어

본문 16~17쪽

1문단 신기한 식물들에 대한 소개

2문단 매우 커다란 ☐이 피는 라플레시아

3문단 거꾸로 뒤집어 놓은 듯한 독특한 모양의 ☐☐☐☐나무

4문단 ☐가 작은 나무가 될 때까지 어미 나무가 기르는 맹그로브

5문단 ☐☐을 잡아먹는 네펜테스

✎ **주제** 신기한 ☐☐들의 특징

본문 바로가기

4 당신의 공공 예절은?

본문 20~21쪽

1문단 공공장소에서 예절을 지키자는 메시지를 전하고 있는 ☐☐ 광고

2문단 우리 주변에서 볼 수 있는 여러 ☐☐☐☐의 예와 공공 예절의 의미

3문단 공공 예절을 지키지 않았을 때의 ☐☐☐과 공공 예절을 지키자는 당부

✔주제 ☐☐☐☐의 의미와 공공 예절을 지켜야 하는 이유

5 만덕 할망 이야기

본문 24~25쪽

1문단 기생으로 살아가다가 ☐☐ 신분을 회복한 만덕

2문단 자신만의 원칙으로 ☐☐를 하여 부자가 된 만덕

3문단 ☐☐을 실천한 만덕

4문단 소원을 이루고 ☐☐에 기록된 만덕

✔주제 제주에서 존경받는 인물로 남아 있는 ☐☐의 삶

6 에티오피아에서 온 편지

본문 28~29쪽

1문단 아프리카의 ☐☐ 문제 해결을 위해 자원봉사자로 일하고 있는 온두레아

2문단 ☐☐과 전쟁으로 많은 사람이 굶주리고 있는 에티오피아

3문단 굶주림으로 ☐☐☐들이 고통받고 있는 안타까운 현실

4문단 온두레아가 한국에 사는 친구들에게 편지를 쓴 이유

✔주제 ☐☐☐으로 고통받는 사람들에 대한 관심 당부

실력 확인

07 우리는 형제, 다이아몬드와 연필심

본문 32~33쪽

1문단 다이아몬드와 연필심에 대한 소개

2문단 ☐☐☐☐☐와 연필심의 공통점과 차이점

3문단 다이아몬드와 연필심 속 ☐☐ 원자의 결합 구조와 그 특징

4문단 ☐☐으로 만든 인조 다이아몬드의 생산과 쓰임

✔**주제** 다이아몬드와 ☐☐☐의 성분 및 구조상 특징

08 돈에는 누가?

본문 36~37쪽

1문단 대부분의 나라에서 화폐에 ☐☐의 얼굴을 사용하는 이유

2문단 ☐☐의 지폐에서 볼 수 있는 인물들

3문단 인도, ☐☐, 터키의 지폐에서 볼 수 있는 인물들

4문단 우리나라의 화폐 단위와, ☐☐에서 볼 수 있는 위인들

✔**주제** 각 나라의 ☐☐에 담긴 인물들

09 세계 1등을 찾아라

본문 40~41쪽

1문단 세계 최고 ☐☐에 대한 다양한 궁금증과 그 대답

2문단 기네스북이 처음 만들어지기까지의 ☐☐

3문단 기네스북이 다루는 분야와 기네스북의 ☐☐ 현황

4문단 기네스북의 ☐☐

✔**주제** ☐☐☐이 만들어진 과정과 기네스북의 가치

본문 바로가기

10 세종 대왕을 만나다

본문 44~45쪽

❶문단 세종 대왕이 ☐☐을 만든 이유

❷문단 세종 대왕이 한글의 ☐☐과 모음을 만든 방법

❸문단 익혀야 할 글자 수가 적고 하나의 ☐☐로만 발음되는 한글의 우수성

✎주제 한글을 만든 이유와 방법 및 한글의 ☐☐☐

11 곤충도 먹을 수 있어

본문 48~49쪽

❶문단 미래 ☐☐☐로 꼽히고 있는 곤충

❷문단 가축에 비해 미래 ☐☐으로 손색이 없는 곤충

❸문단 ☐☐☐가 많아 소고기나 돼지고기를 대신할 수 있는 곤충

❹문단 곤충을 ☐☐☐로 사용하기 위해 해결해야 할 문제

✎주제 미래 먹거리인 ☐☐의 장점

12 색다른 면 요리

본문 52~53쪽

❶문단 여러 지역의 특색 있는 면 요리들 소개

❷문단 충청북도에서 ☐☐☐☐☐를 넣어 끓여 먹는 생선국수

❸문단 전라도에서 ☐☐에 새알심 대신 칼국수를 넣어 먹는 팥 칼국수

❹문단 육이오 전쟁 때 피란민들이 만들었으나, 지금은 ☐☐의 대표적인 면 요리가 된 밀면

❺문단 ☐☐☐의 전통 음식 중 하나로, 돼지고기를 푸짐하게 올려 먹는 고기국수

✎주제 우리나라 여러 지역의 특색 있는 ☐ 요리들

실력 확인

13 나스카 라인의 미스터리

본문 56~57쪽

- **1문단** 지금까지 발견된 나스카 라인의 ☐☐와 종류 및 크기
- **2문단** 나스카 라인을 연구한 학자 ☐☐☐☐☐☐
- **3문단** 나스카 라인을 그린 ☐☐에 대한 다양한 추측과 글쓴이의 당부

✎ **주제** ☐☐☐☐의 개념과 종류 및 그에 대한 연구

14 선비들이 늘 곁에 둔 친구, 문방사우

본문 60~61쪽

- **1문단** 문방사우의 의미와 종류
- **2문단** 문방사우의 종류 ①: ☐
- **3문단** 문방사우의 종류 ②: ☐☐
- **4문단** 문방사우의 종류 ③: ☐
- **5문단** 문방사우의 종류 ④: ☐☐

✎ **주제** ☐☐☐☐의 의미와 종류 및 특징

15 영웅일까, 도둑일까?

본문 64~65쪽

- **1문단** 홍길동에 대한 저마다 다른 평가
- **2문단** ☐☐ 제도가 엄격하고, 남성 중심의 사회였던 조선 시대
- **3문단** ☐☐로 태어났다는 이유로 뛰어난 실력에도 차별을 받아야 했던 홍길동
- **4문단** 백성에게는 ☐☐, 양반에게는 ☐☐이었던 홍길동

✎ **주제** 백성들과 양반들에게 서로 다른 평가를 받은 ☐☐☐

본문 바로가기

16 우리 생활 속에 숨어 있는 보색의 신비

본문 68~69쪽

1문단 빨간색 붕어가 [ ][ ][ ]으로 보이는 현상을 이해하기 위해 알아야 할 보색

2문단 보색 및 보색 [ ][ ]의 의미와 특징

3문단 보색 대비를 활용하는 이유와 그 예

4문단 보색 [ ][ ]의 의미

5문단 보색 잔상이 응용된 예

주제 일상에서 활용되고 있는 [ ][ ][ ]와 [ ][ ][ ] 현상

17 고무의 발견과 발전

본문 72~73쪽

1문단 현대인에게 없어서는 안 될 물건인 [ ][ ]

2문단 파라고무나무의 [ ][ ]에서 얻을 수 있는 천연고무

3문단 천연고무에 유황을 섞은 후 가열하여 만드는 [ ][ ] 고무

4문단 합성 고무의 발명 및 합성 고무의 한 종류인 [ ][ ][ ][ ]의 개발

주제 [ ][ ]의 발견 및 발전 과정

18 사람이 만든 비

본문 76~77쪽

1문단 [ ][ ][ ][ ]를 없애기 위해 사람의 힘으로 비를 내리게 하기 위한 실험

2문단 [ ][ ][ ][ ]의 개념 및 인공 강우를 만드는 방법과 원리

3문단 [ ][ ]과 중국 등 인공 강우 실험을 하고 있는 나라

4문단 [ ][ ][ ]에서 있었던 인공 강우 실험의 과정과 그 결과

주제 [ ][ ][ ]가 내리는 과정 및 인공 강우 실험 내용

실력 확인

본문
바로가기

19 피보나치수열 이야기

본문 80~81쪽

1문단 ☐의 ☐ ☐를 더하면 뒤의 수가 되는 피보나치수열

2문단 ☐☐의 개수에서 발견할 수 있는 피보나치수열

3문단 해바라기 ☐☐의 배열에서 발견할 수 있는 피보나치수열

4문단 ☐☐☐ 분수에서 발견할 수 있는 피보나치수열

✐주제 ☐☐☐☐☐☐의 개념 및 주변에서 발견할 수 있는 피보나치수열의 예

20 조선을 사랑한 서양인, 어니스트 베델

본문 84~85쪽

1문단 베델이 처한 시대 상황 및 베델에 대한 소개

2문단 베델이 일제의 ☐☐ 행위를 고발하고자 마음먹은 계기

3문단 『☐☐☐☐☐』와 『코리아 데일리 뉴스』를 통해 펼친 베델의 일제 비판 활동

4문단 마지막까지도 ☐☐을 위해 힘썼던 베델

5문단 우리의 마음속에 영원히 남을 어니스트 베델

✐주제 죽는 날까지 조선의 ☐☐을 위해 노력했던 어니스트 베델의 삶

memo

memo

완자

공부력

정답과 해설

독해

×

초등 국어

4A

3-4학년

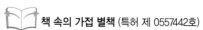

책 속의 가접 별책 (특허 제 0557442호)

'정답과 해설'은 진도책에서 쉽게 분리할 수 있도록 제작되었으므로
유통 과정에서 분리될 수 있으나 파본이 아닌 정상 제품입니다.

우리는 남다른 상상과 혁신으로
교육 문화의 새로운 전형을 만들어
모든 이의 행복한 경험과 성장에 기여한다

ABOVE IMAGINATION

우리는 남다른 상상과 혁신으로
교육 문화의 새로운 전형을 만들어
모든 이의 행복한 경험과 성장에 기여한다

완자

공부력

초등 국어
독해 4 A

· · · ·

정답과 해설

공부력 가이드

완자 공부력 시리즈는
앞으로도 계속 출간될 예정입니다.

국어
맞춤법
바로 쓰기
1~2학년용
4책

쓰기력

전과목
어휘
1~6학년용
12책

전과목
한자
어휘
1~6학년용
12책

영어
파닉스
1~2학년용
2책

영어
영단어
3~6학년용
8책

어휘력

국어
독해
1~6학년용
12책

한국사
독해
인물편
3~6학년용
4책

한국사
독해
시대편
3~6학년용
4책

독해력

수학
계산
1~6학년용
12책

계산력

완자 공부력 시리즈로 공부 근육을 키워요!

매일 성장하는
초등 자기개발서
ⓦ 완자
공부력

학습의 기초가 되는 읽기, 쓰기, 셈하기와 관련된
공부력을 키워야 여러 교과를 터득하기 쉬워집니다.
또한 어휘력과 독해력, 쓰기력, 계산력을 바탕으로 한
'공부력'은 자기주도 학습으로 상당한 단계까지 올라갈 수
있는 밑바탕이 되어 줍니다. 그래서 매일 꾸준한 학습이
가능한 '**완자 공부력 시리즈**'로 공부하면 자기주도 학습이
가능한 튼튼한 공부 근육을 키울 수 있을 것이라 확신합니다.

효과적인 공부력 강화 계획을 세워요!

○ 학년별 공부 계획
내 학년에 맞게 꾸준하게 공부 계획을 세워요!

		1-2학년	3-4학년	5-6학년
기본	독해	국어 독해 1A 1B 2A 2B	국어 독해 3A 3B 4A 4B	국어 독해 5A 5B 6A 6B
	계산	수학 계산 1A 1B 2A 2B	수학 계산 3A 3B 4A 4B	수학 계산 5A 5B 6A 6B
	어휘	전과목 어휘 1A 1B 2A 2B	전과목 어휘 3A 3B 4A 4B	전과목 어휘 5A 5B 6A 6B
		파닉스 1 2	영단어 3A 3B 4A 4B	영단어 5A 5B 6A 6B
확장	어휘	전과목 한자 어휘 1A 1B 2A 2B	전과목 한자 어휘 3A 3B 4A 4B	전과목 한자 어휘 5A 5B 6A 6B
	쓰기	맞춤법 바로 쓰기 1A 1B 2A 2B		
	독해		한국사 독해 인물편 1 2 3 4	
			한국사 독해 시대편 1 2 3 4	

○ 시기별 공부 계획

학기 중에는 **기본**, 방학 중에는 **기본 + 확장**으로 공부 계획을 세워요!

방학 중			
학기 중			
기본			확장
독해	계산	어휘	어휘, 쓰기, 독해
국어 독해	수학 계산	전과목 어휘	전과목 한자 어휘
		파닉스(1~2학년) 영단어(3~6학년)	맞춤법 바로 쓰기(1~2학년) 한국사 독해(3~6학년)

예시 **초1 학기 중 공부 계획표** 주 5일 하루 3과목 (45분)

월	화	수	목	금
국어 독해	국어 독해	국어 독해	국어 독해	국어 독해
수학 계산	수학 계산	수학 계산	수학 계산	수학 계산
전과목 어휘	파닉스	전과목 어휘	전과목 어휘	파닉스

예시 **초4 방학 중 공부 계획표** 주 5일 하루 4과목 (60분)

월	화	수	목	금
국어 독해	국어 독해	국어 독해	국어 독해	국어 독해
수학 계산	수학 계산	수학 계산	수학 계산	수학 계산
전과목 어휘	영단어	전과목 어휘	전과목 어휘	영단어
한국사 독해 인물편	전과목 한자 어휘	한국사 독해 인물편	전과목 한자 어휘	한국사 독해 인물편

01 어디서 왔을까?

코칭Tip 이 글은 원산지 표시 제도에 대해 설명하는 글입니다. 원산지 표시 제도의 의미와 목적, 음식점에서나 배달 음식, 과자 등에 원산지를 표시하는 방법 등을 파악하며 글을 읽을 수 있도록 합니다.

1 우리가 각자 태어난 곳이 있듯이, 우리가 먹는 식품도 제각각 태어난 곳이 있다. 이와 같이 동식물이 맨 처음 자라난 곳, 또는 물건이 만들어진 곳을 '원산지'라고 한다. 그렇다면 우리는 식품의 원산지를 어떻게 알 수 있을까?『식품의 원산지를 알 수 있는 방법, 즉 '원산지 표시 제도'가 무엇인지 함께 알아보자.』
▶ 원산지의 의미와 원산지 표시 제도의 소개

2 원산지 표시 제도는 그 물품이 생산, 제조, 가공된 지역을 표시하는 것을 말한다. 『다른 나라에서 수입한 물품이라면 그 나라의 이름을, 우리나라에서 생산한 물품이라면 국내산 또는 국산으로 표시하거나 지역의 이름을 적어야 한다.』우리나라는 1991년부터 원산지 표시 제도를 시행해 왔다. 원산지를 표시하는 이유는 소비자의 알 권리를 보호하고 생산자의 공정한 판매를 이끌기 위해서이다. 『원산지는 그 물품에 직접 표시해야 하지만 어려울 경우 포장재에 표시할 수도 있다.』이때에는『소비자가 쉽게 알아볼 수 있도록 한글로 쓰지만, 필요한 경우에는 한글 옆에 한문 또는 영문 등을 추가하여 표시할 수 있다.』
▶ 원산지 표시 제도의 의미와 목적 및 원산지의 표시 방법

3 음식점에서도 식품의 원산지 표시를 찾을 수 있다. 일반 음식점, 휴게 음식점, 위탁 급식소, 집단 급식소의 모든 메뉴판과 게시판에는 원산지 표시를 하도록 정해져 있기 때문이다. 메뉴별로 국내산, 수입산(국가명)을 구분하여 표시하며, 재료가 혼합되어 있을 경우에는 비율이 높은 순으로 제시한다. 예를 들어 '고춧가루: 중국산과 국내산을 섞음'이라고 표시했다면, 중국산이 국내산보다 더 많다는 의미이다. 이렇게 음식점에서 표시해야 하는 농산물, 축산물, 수산물은 총 23개이다.

농산물 3개	쌀(밥, 죽, 누룽지에 사용하는 쌀), 배추김치(배추와 고춧가루), 콩(두부류, 콩비지, 콩국수에 사용하는 콩)
축산물 5개	쇠고기, 돼지고기, 닭고기, 오리고기, 양고기(염소 등 산양 포함)
수산물 15개	넙치(광어), 조피볼락(우럭), 참돔, 미꾸라지, 뱀장어(민물장어), 낙지, 고등어, 갈치, 명태(황태, 북어 등 건조품 제외), 오징어, 꽃게, 참조기, 다랑어, 아귀, 주꾸미

▶ 음식점에서 원산지를 표시하는 방법 및 대상

4 그렇다면 배달 음식에도 식품의 원산지를 일일이 표시해야 할까? 배달 음식에도 포장재에 원산지를 표시해야 한다. 포장재에 표시하기 어려울 때는 전단이나 스티커, 혹은 영수증에 표시해도 된다.
▶ 배달 음식의 원산지를 표시하는 방법

5 우리가 즐겨 먹는 과자의 경우에는 어떠할까? 과자도 식품의 한 유형이므로 원산지를 표시한다. 과자의 뒷면을 보면 '식품의 유형: 과자(유탕 처리 제품)'라고 쓰여 있는 경우가 많다. 유탕 처리했다는 것은 원재료를 기름에 튀겼다는 의미이다. 그래서 과자에는 기름의 원산지도 표기해야 한다. 과자에 들어가는 다양한 재료 중에는 식품 첨가물이 있다. 식품 첨가물에는『식품이 썩는 것을 막아 주는 보존료, 색깔이 나게 하는 착색료, 단맛을 더하는 감미료, 향이 나게 하는 향료 등』이 있다. 식품 첨가물은 원산지 대신 어떤 첨가물이 들어갔는지를 적는다.
▶ 과자의 원산지 및 식품 첨가물을 표시하는 방법

글 내용 한눈에 보기 •••

본문 9쪽

1 원산지　**2** 영문　**3** 농산물　**4** 과자　**5** 첨가물

글을 이해해요

☑ 자기 평가

본문 10쪽

01 (내용 추론)
② ◯ ✕

02 (내용 이해)

┌─────── 메뉴판 ───────┐
☐ 햄버그스테이크 (쇠고기: 국내산, 돼지고기: 칠레산, 쌀: 국내산)
☐ 안심 돈가스 (돼지고기: 국내산, 쌀: 국내산)
☐ 생선가스 (명태: 러시아산, 쌀: 국내산)
☑ 배추김치 (국내산)
└────────────────────┘

◯ ✕

03 (내용 추론)
④ ◯ ✕

04 (중심 내용 쓰기)
　'원산지 표시 제도'는 식품의 원산지를 알 수 있는 방법으로, <u>물품이 생산, 제조, 가공된 지역을 표시하는 것</u>을 말한다.

◯ ✕

01 이 글은 원산지 표시 제도의 의미와 원산지를 표시하는 방법에 대해 설명하고 있어요. 따라서 이 글의 중심 내용을 가장 잘 포함하고 있는 제목은 ②예요.

(이럴 땐 이렇게!) 제목은 글의 전체적인 내용을 담을 수 있어야 한다는 것을 기억하세요. 한두 문장의 내용을 담은 것은 제목이 될 수 없어요.

02 3문단의 도표에는 음식점에서 원산지를 표시해야 하는 농산물, 축산물, 수산물이 나와 있어요. 이 도표에 따르면 '배추김치'는 배추와 고춧가루의 원산지를 구분하여 표시해야 해요.

03 왼쪽 원산지 표시 내용에서 '정제 소금'은 '국내산'으로 적혀 있어요. 따라서 프랑스에서 수입한 소금으로 맛을 낸 것이 아니라, 국내에서 생산된 소금으로 맛을 내었다는 것을 알 수 있어요.

(오답 풀이)
① 5문단에서 유탕 처리했다는 것은 원재료를 기름에 튀겼다는 의미라고 했어요. 왼쪽 원산지 표시에 '과자(유탕 처리 제품)'라고 적혀 있으므로, 이 과자는 기름에 튀긴 식품이라고 할 수 있어요.
② 식용유는 혼합 식용유로 '팜올레인유(말레이시아산)'와 '해바라기유{외국산(우크라이나, 스페인, 말레이시아 등)}'와 같이 원산지가 여러 나라예요.
③, ⑤ '감자(국내산)', '아카시아 벌꿀(국내산)'로 적혀 있으므로 모두 우리나라에서 생산된 것이에요.

04 이 글은 원산지 표시 제도에 대해 설명하고 있어요. 원산지 표시 제도는 식품의 원산지를 알 수 있는 방법으로, 물품이 생산, 제조, 가공된 지역을 표시하는 것이라고 했어요.

어휘를 익혀요

본문 11쪽

01 **1** ㄷ　**2** ㄴ　**3** ㄱ　　**02** **1** 위탁　**2** 원산지　**3** 시행　　**03** **1** 수입　**2** 가공

02 백화점의 비밀

코칭Tip 이 글은 백화점의 비밀 전략에 대해 설명하는 글입니다. 고객들을 백화점에 오래 머무르게 하기 위해 백화점이 어떤 전략을 쓰고 있는지를 파악하며 글을 읽을 수 있도록 합니다.

1 영은이는 엄마와 함께 백화점에 갔다. 여러 매장을 구경하며 한참을 돌아다닌 영은이는 결국 첫 번째 매장에서 본 옷을 사기로 마음먹었다. 그래서 첫 번째 매장을 찾아가기 위해 다시 한참을 돌아다닌 영은이와 엄마의 입에선 결국 볼멘소리가 터져 나왔다. / "도대체 백화점의 구조는 왜 이렇게 복잡한 거야?" / 백화점에 가서 혹시 영은이와 같은 경험을 해 본 적은 없는가? 백화점의 복잡한 구조에는 우리가 <u>물건을 더 사고 싶어지게 만드는 비밀</u>이 숨어 있다.

중심 소재 ▶ 물건을 더 사고 싶어지게 만드는 백화점 비밀에 대한 소개

2 ▶ **백화점 1층에는 화장실이 없다**

대부분의 백화점 1층에는 화장실이 없다. 고객이 화장실에 가려면 불편할 텐데 왜 화장실에 가기 위해 다른 층으로 가도록 만들었을까? 이유는 간단하다. <u>고객이 다른 층으로 가면서 1층에 진열되어 있는 상품을 더 보게 하기 위해서이다.</u>
백화점 1층에 화장실이 없는 이유
백화점에는 여성 고객이 더 많기 때문에 여성들의 눈길을 오래, 그리고 많이 사로잡을수록 물건을 더 많이 팔 수 있다. 그래서 <u>1층에는 화장품, 향수, 가방 등 여성이 주로 쓰는 물건이 많다.</u> 또『화장품과 향수의 좋은 향은 고객의 기분
백화점 1층에 여성 물건이 많은 이유 ①
을 좋게 만든다. 기분이 좋아지고 느긋해지면 고객들은 백화점에 더 오래 머물게 되고, 오래 구경하다 보면 물건을 사
『 』: 백화점 1층에 여성 물건이 많은 이유 ② - 좋은 향으로 고객의 기분을 좋게 만들어 백화점에 더 오래 머물게 하기 위함
고 싶어지는 마음도 드는 것이다.』
▶ 백화점 1층에 화장실이 없는 이유와 여성 물건이 많은 이유

3 ▶ **백화점에는 시계와 창문이 없고 음악이 있다**

<u>고객이 어느 정도 시간이 지났는지 몰라야 백화점에 더 머무르며 쇼핑을 할 것이다.</u> 그래서 백화점 벽에는 시계를 걸
백화점에 시계가 없는 이유
지 않는다. 창문도 마찬가지이다.『창문이 있으면 고객이 밖을 내다보게 되고, 날이 어두워지면 고객은 돌아갈 시간이라
『 』: 백화점에 창문이 없는 이유 ①
는 생각을 하게 되기 때문이다. 또 물건이 멋있고 예쁘게 보이려면 조명이 중요한데,『창문이 있으면 바깥 날씨에 따라
『 』: 백화점에 창문이 없는 이유 ②
들어오는 빛이 달라져 물건이 멋지게 보이지 않을 수 있기 때문이다. 백화점에서 흘러나오는 음악도 같은 원리이다. <u>느
린 박자의 음악을 틀어 고객이 느긋하게 쇼핑을 할 수 있도록 유도하는 것이다.</u> ▶ 백화점에 시계와 창문이 없는 이유와 음악이 흘러나오는 이유
백화점에 음악이 흘러나오는 이유

4 ▶ **물건이나 매장의 위치도 계산된 것이다**

고객은 주로 <u>눈높이의 30cm 위나 아래에 있는 물건을 집게 된다.</u> 그래서 가장 이익이 많이 남는 물건이나 잘 팔려야
하는 물건을 <u>그곳에</u> 진열해 놓는다. 그뿐만 아니라 물건을 진열하는 구조나 매장의 위치도 조정한다. 그래야 고객이 매장이나 물건을 찾기 위해 백화점에 더 오래 머물기 때문이다. 또한 지하층에는 식품 매장을, 꼭대기 층에는 문화 센터나 식당을 배치한다.『식품 매장을 찾은 고객은 지하부터 위층으로 올라가면서, 문화 센터나 식당을 찾은 고객은 꼭대기
『 』: 지하층에 식품 매장, 꼭대기 층에 문화 센터와 식당을 배치하는 이유
층부터 아래층으로 내려가면서 백화점을 더 구경하기 때문이다.』 ▶ 백화점에서 물건을 진열하거나 매장의 위치를 정할 때 고려하는 점

5 ▶ **엘리베이터는 구석에 있어서 찾기 어렵다**

에스컬레이터는 백화점의 가운데쯤에 있어서 바로 찾을 수 있는데 엘리베이터는 구석에 숨어 있다. 게다가 크기도 작고 느리다. 왜 그럴까? <u>고객이 엘리베이터를 타면 다른 층을 구경하지 않고 원하는 물건이 있는 층에 바로 도착하게</u>
엘리베이터가 구석에 있는 이유
<u>된다.</u> 이런 일을 줄이기 위해 고객이 잘 찾지 못하는 구석에 작고 느린 엘리베이터를 두는 것이다. 고객은 찾기 어려운 엘리베이터 대신 탁 트인 중앙에 있는 에스컬레이터를 이용하게 된다. 그리고 다른 층으로 가면서 자연스럽게 여러 층에 있는 다양한 매장과 제품을 보게 되는 것이다. ▶ 백화점의 엘리베이터가 구석에 있는 이유

❱❱ 글 내용 한눈에 보기 ●●●

본문 13쪽

1 화장실 **2** 시계 **3** 지하층 **4** 에스컬레이터

❰ 글을 이해해요 ❱

☑ 자기 평가

본문 14쪽

01 (내용 이해)
⑤

◯ ✕

02 (내용 추론)
④

◯ ✕

03 (내용 이해)
1 어느 정도 시간이 지났는지 모르고
2 돌아갈 시간

◯ ✕

04 (중심 내용 쓰기)
'백화점의 비밀'이란 고객이 백화점에서 오래 머물러 <u>물건을 더 사도록</u> 하기 위한 것이다.

◯ ✕

01 2문단에서 대부분의 백화점 1층에는 화장실이 없다고 했어요. 1층에 화장실을 두지 않는 것은 고객들이 화장실을 가기 위해 다른 층으로 가면서 1층에 진열되어 있는 상품을 더 보게 하기 위해서예요.

(이럴 땐 이렇게!) 전체적인 내용을 확인해야 하는 문제는 답을 찾는 데 시간이 오래 걸려요. 그런데 이 글처럼 글 중간중간에 작은 제목이 있는 글은 이것만으로 선지의 내용이 맞는지 틀린지 확인할 수도 있어요. 그러니 먼저 작은 제목을 꼼꼼히 읽어 보아요.

02 4문단에서 고객은 눈높이의 30cm 위나 아래에 있는 물건을 집게 되므로, 가장 이익이 많이 남는 물건이나 잘 팔려야 하는 물건을 그곳에 진열해 놓는다고 했어요.

(오답 풀이)
① 2문단에서는 1층의 화장품과 향수의 좋은 향이 고객의 기분을 좋게 만든다고 했어요.
② 5문단에서는 고객이 찾기 어려운 엘리베이터 대신 탁 트인 중앙의 에스컬레이터를 이용하도록 하여 자연스럽게 여러 층을 둘러보게 한다고 했어요.
③ 3문단에서는 물건이 멋있고 예쁘게 보이기 위해 조명을 사용한다고 했어요.
⑤ 3문단에서는 느린 박자의 음악을 틀어 고객이 느긋하게 쇼핑을 할 수 있도록 유도한다고 했어요.

03 3문단을 살펴보면 고객이 시간이 지나는 것도 모르고 계속 쇼핑을 하며 백화점에 더 오래 머무르게 하기 위해 백화점에는 시계와 창문이 없다고 했어요.

04 이 글은 백화점의 비밀 전략에 대해 설명하고 있어요. 백화점 1층에 화장실이 없고, 시계와 창문이 없으며, 느린 박자의 음악이 흘러나오거나, 엘리베이터가 구석에 있는 것 등은 모두 고객들이 백화점에서 오래 머물러 물건을 더 사도록 하기 위한 백화점의 숨겨진 비밀이에요.

❰ 어휘를 익혀요 ❱

본문 15쪽

01 **1** ㄷ **2** ㄱ **3** ㄴ   **02** **1** 조정 **2** 유도 **3** 진열   **03** **1** 눈길 **2** 배치

03 이런 식물도 있어

코칭 Tip 이 글은 우리가 평소에 보기 힘든 신기한 특징을 지닌 식물들에 대해 설명하는 글입니다. 제시된 사진과 함께 각 식물들의 특징을 파악하며 글을 읽을 수 있도록 합니다.

❶ 우리가 사는 세상에는 셀 수 없이 많은 종류의 식물들이 살고 있다. 이 중에는 우리가 평소에 보기 힘든 <mark>신기한 식물들</mark>도 있다. 『크기가 엄청나게 큰 꽃, 거꾸로 뒤집힌 모습을 하고 있는 나무, 심지어 새끼를 낳거나 곤충을 먹는 식물들도 있다.』이러한 신기한 식물들에 대해 좀 더 자세히 알아보도록 하자. ▶ 신기한 식물들에 대한 소개

❷ 인도네시아의 보르네오섬과 수마트라섬의 숲에 간다면 세상에서 가장 큰 꽃을 볼 수 있다. 바로 <mark>라플레시아</mark>라는 식물이다. 잎과 뿌리, 줄기가 없어 다른 식물에 붙어사는 라플레시아는 꽃의 지름만 무려 1m가 넘고, 무게는 10kg이 넘는다. 라플레시아는 커다란 꽃이 피는 데만 한 달이 걸리는데, 꽃은 일주일 정도 피었다가 시든다. 꽃이라고 해서 향기를 기대해서는 안 된다. 왜냐하면 라플레시아의 꽃은 향기가 나는 다른 꽃들과 달리 아주 고약한 냄새가 나기 때문이다. ▶ 매우 커다란 꽃이 피는 라플레시아

❸ <mark>바오바브나무</mark>는 세상에서 가장 오래 사는 식물 중에 하나로 '생명의 나무'라고도 불린다. 바오바브나무는 줄기가 매우 굵고, 마치 나무를 거꾸로 뒤집어 놓아 나무뿌리가 위에 있는 것 같은 모습을 하고 있다. 바오바브나무는 『비가 올 때와 안 올 때의 구분이 뚜렷한 아프리카 지역에서 자라는데, 이러한 환경에 적응하기 위해 물을 저장하는 줄기가 점점 굵어져 독특한 모양이 되었다.』바오바브나무는 소설 「어린 왕자」에 등장하기도 했다. ▶ 거꾸로 뒤집어 놓은 듯한 독특한 모양의 바오바브나무

❹ 새끼를 낳는 식물도 있다. <mark>맹그로브</mark>는 열대 지역의 갯벌이나 바닷가에 산다. 맹그로브가 자라는 곳에는 물이 들어왔다 나갔다 하기 때문에 나무의 씨가 물에 떠내려가기 쉽다. 그래서 어미 나무는 씨를 땅에 바로 내려보내지 않고, 굵은 가지에 매달아 씨에서 뿌리가 날 때까지 키운다. 그리고 씨가 작은 나무의 형태로 자라면 그때 땅에 떨어뜨린다. ▶ 씨가 작은 나무가 될 때까지 어미 나무가 기르는 맹그로브

▲ 라플레시아(rafflesia)

▲ 바오바브나무(baobab)

▲ 맹그로브(mangrove)

▲ 네펜테스(nepenthes)

❺ 곤충을 잡아먹는 무서운 식물도 있다. <mark>네펜테스</mark>라는 식물은 잎의 끝부분이 물병 모양의 주머니처럼 생겼다. 『여기서 달콤한 액체를 뿜어 각종 곤충을 끌어들인다. 주머니의 입구는 매우 미끄러우므로 작은 곤충이 빠지기 쉽다. 네펜테스는 곤충이 주머니에 들어오면 소화를 돕는 액체를 내뿜어 곤충을 먹는다.』네펜테스는 주로 인도네시아, 말레이시아에 있는 메마르고 척박한 땅에서 자란다. 이 땅에는 뿌리를 깊게 내리기가 어렵기 때문에 영양분을 충분히 얻기 어렵다. 이 때문에 곤충을 통해 모자란 영양분을 채우는 것이다. ▶ 곤충을 잡아먹는 네펜테스

≫ 글 내용 한눈에 보기 •••

본문 17쪽

1 지름   **2** 줄기   **3** 씨   **4** 곤충

◀ 글을 이해해요 ▶

☑ 자기 평가   본문 18쪽

01 (내용 이해)
①   ○ ✕

02 (내용 추론)
동현   ○ ✕

03 (내용 이해)
네펜테스   ○ ✕

04 (중심 내용 쓰기)
우리가 사는 세상에는 크기가 엄청나게 큰 꽃, 거꾸로 뒤집힌 모습을 하고 있는 나무, 심지어 <u>새끼를 낳거나 곤충을 잡아먹는</u> 신기한 식물들이 있다.   ○ ✕

01 2문단을 살펴보면 라플레시아의 꽃은 향기가 나는 다른 꽃들과 달리 아주 고약한 냄새가 난다고 했어요.

(오답풀이)
② 3문단에서 바오바브나무는 환경에 적응하기 위해 물을 저장하는 줄기가 굵어졌다고 했어요.
③ 4문단에서 맹그로브는 열대 지역의 갯벌이나 바닷가에 산다고 했어요.
④ 세상에서 가장 큰 꽃을 피우는 것은 네펜테스가 아니라 라플레시아라고 했어요.
⑤ 라플레시아는 뿌리가 없지만, 맹그로브는 뿌리가 있어요.

02 바오바브나무는 비가 올 때와 그렇지 않을 때가 뚜렷이 구분되는 환경에 적응하기 위해 물을 저장하는 줄기가 굵어져 독특한 모양을 하게 되었고, 맹그로브는 물이 들어왔다 나갔다 하는 곳에 적응하기 위해 씨를 땅에 바로 내려보내지 않고 굵은 가지에 매달아 씨에서 뿌리가 날 때까지 키운다고 했어요. 또한 네펜테스는 메마른 땅에 적응하기 위해 곤충을 잡아먹는다고 했어요. 따라서 이 세 식물의 공통점은 자연환경에 적응하며 사는 식물들이라고 할 수 있어요.

(이럴 땐 이렇게!) 공통점을 고르는 문제는 공통점을 찾아야 하는 대상을 먼저 확인해요. 그리고 선지 옆에 선지에 해당하는 대상의 이름을 적어 봐요. 대상의 이름이 다 적힌 선지가 정답이지요.

03 5문단을 살펴보면 네펜테스는 영양분을 얻기 힘든 메마르고 척박한 땅에서 자란다고 했어요. 그래서 부족한 영양분을 채우기 위해 네펜테스는 곤충을 잡아먹어요.

04 이 글은 세상에서 가장 큰 꽃인 라플레시아, 나무를 거꾸로 뒤집어 놓은 듯한 모습을 하고 있는 바오바브나무, 새끼를 낳는 식물인 맹그로브, 곤충을 잡아먹는 식물인 네펜테스 등 신기한 식물들에 대해 설명하고 있어요.

◀ 어휘를 익혀요 ▶

본문 19쪽

01 **1** ○ **2** ○ **3** ✕   **02** **1** 척박 **2** 고약 **3** 적응   **03** **1** 입구 **2** 저장

04 당신의 공공 예절은?

본문 20~21쪽

코칭 Tip 이 글은 공공 예절의 의미와 공공 예절을 잘 지켜야 하는 까닭을 설명하고 있는 블로그 형식의 글입니다. 공익 광고를 통해 공공 장소에서 지켜야 하는 공공 예절에 대해 생각해 보고, 공공 예절을 지키는 것의 중요성을 깨달을 수 있도록 합니다.

1 공익 광고로 이해하는 공공 예절
중심 소재

교통 약자 배려석에 앉아 있는 당신
💬 13

당신은 몇 살입니까?
💬 10

양보는 당연히!
💬 21

이 공익 광고는 공공장소에서 예절을 지키지 않고 있는 사람에게 "당신은 몇 살입니까?"라고 묻고 있다. 그 이유는 주변 사람들의 눈살을 찌푸리게 하는, 성숙하지 못한 행동을 하고 있기 때문이다. 이 광고는 교통 약자 배려석에 앉아 있는 사람을 지적하며, 자신보다 몸이 약하거나 신체가 불편한 사람에게 자리를 양보하는 성숙한 행동을 하자는 메시지를 전하고 있다. 그렇다면 공공 예절이란 무엇이며, 왜 공공 예절을 지켜야 하는지 알아보자.
뒤에 이어질 내용에 대한 안내
▶ 공공장소에서 예절을 지키자는 메시지를 전하고 있는 공익 광고

2 공공 예절의 의미

우리 주변에는 도서관, 영화관, 공원, 놀이터, 음식점, 공중목욕탕 등 여러 사람이 함께 이용하기 위해 만들어진 곳이 있다. 이런 곳을 공공장소라고 한다. 그리고 이 공공장소는 여러 사람이 이용하는 곳이므로 서로 예절을 지켜야 하는데, 바로 이것을 공공 예절이라고 한다. 공공 예절은 사회 구성원 전체가 더 행복한 삶을 살기 위해 지키기로 한 약속이자, 일상생활에서 기본적으로 갖추어야 하는 예의이다. 평소에 자신은 공공 예절을 잘 지키고 있는지 스스로를 돌아보자.
▶ 우리 주변에서 볼 수 있는 여러 공공장소의 예와 공공 예절의 의미

3 공공 예절을 잘 지켜야 하는 까닭

수많은 사람이 이용하는 공공장소에서 자신이 하고 싶은 대로만 행동하는 사람이 있다면 어떨까? 아마도 주변 사람들은 불편함과 불쾌감을 느낄 것이고, 그 사람과 다투는 사람까지 생길지도 모른다. 공공 예절을 지키지 않는 사람이 늘어날수록 우리 사회는 무질서해지고, 다툼과 사고로 혼란스러워질 것이다. 그리고 이런 피해는 결국 우리 모두에게로 돌아올 것이다. 『질서 있고 깨끗한 사회, 친절하고 아름다운 사회를 만드는 것은 사실 어렵지 않다. 상대방을 배려하고 존중하는 마음으로 공공 예절을 잘 지켜 나가면 된다. '나 하나쯤이야.' 하는 생각을 버리고 '나부터 실천하자.'라는 마음가짐으로 말이다.』
▶ 공공 예절을 지키지 않았을 때의 문제점과 공공 예절을 지키자는 당부

❯❯ 글 내용 한눈에 보기 ●●●

본문 21쪽

1 공공장소 **2** 예절 **3** 약속 **4** 질서

◀ 글을 이해해요 ▶

☑ 자기 평가

본문 22쪽

01 (내용 이해)
④ ○ ✕

02 (내용 추론)
④ ○ ✕

03 (내용 추론)
② ○ ✕

04 (중심 내용 쓰기)
질서 있고 깨끗한 사회, 친절하고 아름다운 사회를 만들기 위해 상대방을 배려하고 존중하는 마음으로 <u>공공 예절을 잘 지켜야</u> 한다.

01 공공 예절을 지켜야 하는 이유는 공공장소가 나뿐만이 아니라 다른 사람도 함께 이용하는 곳이기 때문이에요. 공공장소를 자기 것이라고 생각하고 마음대로 행동하는 것은 적절하지 않아요.

(오답 풀이)
① 3문단에서는 공공장소에서 자신이 하고 싶은 대로만 행동하는 사람, 즉 공공 예절을 지키지 않는 사람이 있다면 주변 사람들은 불편함과 불쾌감을 느낄 것이라고 했어요.
② 3문단에서는 질서 있고 깨끗한 사회를 만들기 위해서는 상대방을 배려하고 존중하는 마음으로 공공 예절을 잘 지켜 나가면 된다고 했어요. 그러므로 공공 예절을 잘 지킬수록 질서 있고 깨끗한 사회가 될 수 있어요.
③, ⑤ 3문단에서는 공공 예절을 지키지 않는 사람이 늘어날수록 우리 사회는 다툼과 사고로 혼란스러워질 것이라고 하며, 이런 피해가 결국 우리 모두에게로 돌아올 것이라고 했어요.

02 지하철에서 내리는 사람이 먼저 내리기를 기다리며 차례를 지키는 모습은 공공 예절을 잘 지킨 것으로 볼 수 있어요. 나머지는 모두 공공 예절을 지키지 못한 모습이에요.

03 그림 속 친구는 안내판에 적힌 문구에 따르지 않고 작품에 손을 대고 있어요. 대부분의 전시물은 손으로 만질 경우 작품을 훼손할 수 있으므로 만져서는 안 돼요. 따라서 ②와 같은 스티커를 붙여 줄 수 있어요.

(이럴 땐 이렇게!) 나머지 스티커도 전시관에서 지켜야 할 예절과 관련이 있어요. 하지만 여기서는 문제로 제시된 그림의 상황과 딱 맞는 것을 답으로 골라야 해요.

04 이 글은 여러 사람이 이용하는 공공장소에서 지켜야 할 공공 예절에 대해 설명하고, 공공 예절을 지키지 않았을 때의 문제점을 이야기하며 공공 예절을 잘 지키자는 당부를 전하고 있어요.

◀ 어휘를 익혀요 ▶

본문 23쪽

01 **1** ㄱ **2** ㄷ **3** ㄴ   **02** **1** 실천 **2** 이용 **3** 혼란   **03** **1** 공익 **2** 배려 **3** 성숙

만덕 할망 이야기

코칭 Tip 이 글은 제주 사람들을 위해 나눔을 실천한 김만덕의 삶을 다룬 이야기입니다. 김만덕이 처해 있던 시대적인 상황과 인물의 행동을 연결 지어 이해하고, 김만덕이 지금까지 존경받고 있는 이유를 파악하며 글을 읽을 수 있도록 합니다.

1 1739년, 만덕은 제주에서 양민의 딸로 태어났다. 『열두 살 때 부모를 모두 잃은 만덕은 배고픔을 견디기 위해 기생
의 수양딸이 되어 기생으로 살아가게 되었다. 그녀는 미모와 재주로 제주에서 가장 유명한 기생이 되었지만, 기생과 같
은 천민의 신분으로는 자신의 삶을 개척하며 살 수가 없었다.』 더 이상 기생으로 살고 싶지 않았던 만덕은 스무 살이 되
던 해 관아를 찾아가 자신이 일찍 부모를 잃고 어쩔 수 없이 기생이 되었음을 호소하였다. 마침내 본래의 양민 신분을
회복한 만덕은 평생을 제주의 사람들을 위해 살겠다고 다짐하였다. ▶ 기생으로 살아가다가 양민 신분을 회복한 만덕

2 양민이 된 뒤 장사에 뛰어든 만덕은 해상 교통의 중심인 포구에 객주를 차렸다. 만덕의 장사에는 원칙이 있었다.
첫 번째 원칙은 '싸게, 많이 파는 것'이다. 하나하나의 이익은 적게 보는 대신, 많이 팔아서 큰 이익을 남긴다는 것이다.
만덕은 제주의 양반집 부녀자들이나 기생들에게는 육지 물건인 옷감, 장신구, 화장품 등을, 육지 사람들에게는 제주의
특산물인 귤, 전복, 말총 등을 싼 가격에 팔았고 점차 그 양을 늘려 나가며 큰 이익을 남겼다. 두 번째 원칙은 '알맞은
가격으로 사고파는 것'이다. 만덕은 물건을 무조건 비싸게 팔아서 이익을 남기는 것이 아니라, 사는 사람과 파는 사람
모두에게 알맞은 가격을 정해 장사를 하였다. 세 번째 원칙은 '정직한 믿음을 파는 것'이다. 즉 믿음을 바탕으로 거래를
한다는 것으로, 만덕은 정직한 신용을 철저하게 지키면서 거래를 하였다. 그렇게 해서 만덕은 자신의 포구와 선박까지
소유하게 되었고, 제주에서 으뜸가는 부자가 되었다. ▶ 자신만의 원칙으로 장사를 하여 부자가 된 만덕

3 만덕은 많은 재산을 모은 뒤에도 늘 검소하게 살았다. 풍년에는 흉년을 생각해 절약하고, 편안하게 사는 사람은 고
생하는 사람을 생각해 하늘의 은혜에 감사하며 검소하게 살아야 한다는 생각을 실천한 것이었다. 그러던 어느 해, 4년
여에 걸친 흉년으로 제주 사람들이 굶어 죽을 처지에 놓이게 되었다. 임금은 제주로 급히 쌀을 보냈지만, 쌀을 실은 배
가 폭풍을 만나 가라앉으면서 결국 많은 사람들이 굶어 죽게 되었다. 이를 본 만덕은 평생 모은 재산으로 육지에서 500
여 석의 쌀을 사서 관아로 가져갔다.

"이 쌀을 사람들에게 모두 나누어 주세요."
만덕이 나누어 준 쌀 덕분에 제주 사람들은 목숨을 구할 수 있었다. ▶ 나눔을 실천한 만덕

4 만덕의 선행은 궁궐에 있는 임금에게까지 전해졌다. 이에 감동한 임금은 만덕에게 어떤 소원이든 들어주겠다고 하
였고, 만덕은 한양에 가서 임금을 만나고 금강산을 구경하는 것이 소원이라고 말하였다. 당시 제주 여성이 제주를 벗어
나 육지로 가는 것은 법으로 금지된 상황이었지만, 임금은 특별히 이를 허락해 주었다. 그리고 임금의 명으로 만덕의
이야기는 「만덕전」이라는 책으로 기록되었다. 여성으로 살아가기에 제약이 많았던 조선 시대에 당당히 역사에 이름을
남긴 김만덕. 지금도 제주에서는 아이들에게 "만덕 할망처럼 살아라."라고 할 정도로 만덕은 여전히 존경받는 인물로
남아 있다. ▶ 소원을 이루고 역사에 기록된 만덕

❯❯ 글 내용 한눈에 보기 ●●●

본문 25쪽

1 기생 **2** 믿음 **3** 쌀 **4** 임금

◀ 글을 이해해요 ▶

✔ 자기 평가

본문 26쪽

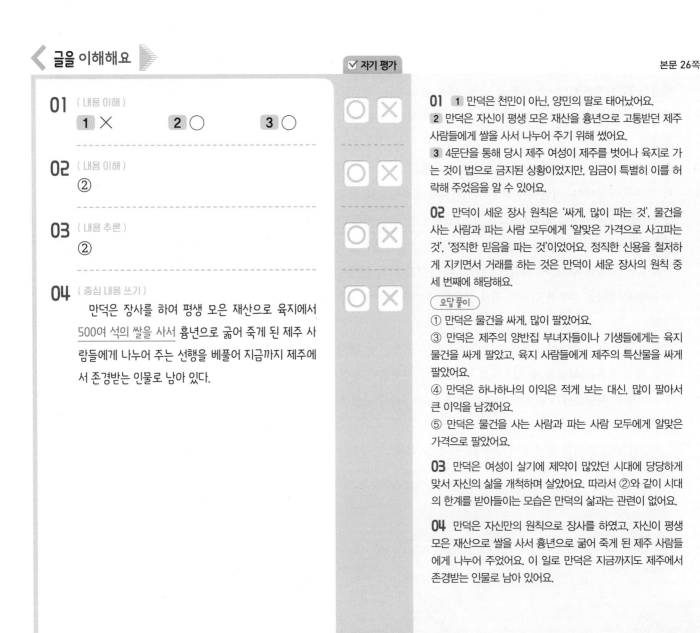

01 (내용 이해)
1 ✕   **2** ◯   **3** ◯

◯ ✕

02 (내용 이해)
②

◯ ✕

03 (내용 추론)
②

◯ ✕

04 (중심 내용 쓰기)
　만덕은 장사를 하여 평생 모은 재산으로 육지에서 500여 석의 쌀을 사서 흉년으로 굶어 죽게 된 제주 사람들에게 나누어 주는 선행을 베풀어 지금까지 제주에서 존경받는 인물로 남아 있다.

◯ ✕

01 **1** 만덕은 천민이 아닌, 양민의 딸로 태어났어요.
2 만덕은 자신이 평생 모은 재산을 흉년으로 고통받던 제주 사람들에게 쌀을 사서 나누어 주기 위해 썼어요.
3 4문단을 통해 당시 제주 여성이 제주를 벗어나 육지로 가는 것이 법으로 금지된 상황이었지만, 임금이 특별히 이를 허락해 주었음을 알 수 있어요.

02 만덕이 세운 장사 원칙은 '싸게, 많이 파는 것', 물건을 사는 사람과 파는 사람 모두에게 '알맞은 가격으로 사고파는 것', '정직한 믿음을 파는 것'이었어요. 정직한 신용을 철저하게 지키면서 거래를 하는 것은 만덕이 세운 장사의 원칙 중 세 번째에 해당해요.

（오답풀이）
① 만덕은 물건을 싸게, 많이 팔았어요.
③ 만덕은 제주의 양반집 부녀자들이나 기생들에게는 육지 물건을 싸게 팔았고, 육지 사람들에게 제주의 특산물을 싸게 팔았어요.
④ 만덕은 하나하나의 이익은 적게 보는 대신, 많이 팔아서 큰 이익을 남겼어요.
⑤ 만덕은 물건을 사는 사람과 파는 사람 모두에게 알맞은 가격으로 팔았어요.

03 만덕은 여성이 살기에 제약이 많았던 시대에 당당하게 맞서 자신의 삶을 개척하며 살았어요. 따라서 ②와 같이 시대의 한계를 받아들이는 모습은 만덕의 삶과는 관련이 없어요.

04 만덕은 자신만의 원칙으로 장사를 하였고, 자신이 평생 모은 재산으로 쌀을 사서 흉년으로 굶어 죽게 된 제주 사람들에게 나누어 주었어요. 이 일로 만덕은 지금까지도 제주에서 존경받는 인물로 남아 있어요.

◀ 어휘를 익혀요 ▶

본문 27쪽

01 **1** ㄱ **2** ㄷ **3** ㄴ   **02** **1** 선행 **2** 특산물 **3** 개척   **03** **1** 포구 **2** 제약 **3** 신용

06 에티오피아에서 온 편지

코칭 Tip 이 글은 세계의 기아 문제를 다룬 편지글입니다. 많은 사람들이 굶주림을 겪고 있는 현실과, 기아 문제를 해결할 수 있는 방법에 대해 생각하며 글을 읽을 수 있도록 합니다.

1 한국 친구들에게.
　　편지를 받는 사람

　한국에 사는 친구들, 안녕? 나는 아프리카의 에티오피아에 살고 있는 온두레아라고 해. 나는 아프리카의 <u>기아 문제</u>
　　　　　　　　　　　　　　　　　　　　　　편지를 쓴 사람　　　　　　　　　　　　　　　　　　　　　중심 소재
해결을 위해 자원봉사자로 일하고 있어. 내가 살고 있는 에티오피아를 비롯해서 <u>아프리카의 많은 나라가 영양실조로</u>
　　　온두레아가 하는 일　　　　　　　　　　　　　　　　　　　　　　　　　　　　　온두레아가 하려는 이야기
<u>고통받고 있어.</u> 갑작스러운 내 편지에 당황스럽겠지만 이 편지를 읽으며 나와 내가 만나는 사람들에 대해 생각해 줬으면
좋겠어.　　　　　　　　　　　　　　　　　　　　　　　　　▶ 아프리카의 기아 문제 해결을 위해 자원봉사자로 일하고 있는 온두레아

2 에티오피아는 가뭄과 전쟁 때문에 많은 사람이 굶주리고 있어. 특히 유아 사망률이 매우 높고, 어린이 3명 중 1명
　　　　　　　　에티오피아의 많은 사람들이 굶주리게 된 이유
이 영양실조 상태야. 어린이는 연약하기 때문에 굶주림으로 인한 피해를 크게 입는다고 해. 에티오피아뿐만 아니라 현
　　　　　　　　　　↑ 아이들의 피해가 큰 이유
재 전 세계 인구의 8명 중 1명꼴로 영양실조를 겪고 있어. 특히 아프리카 지역에 그런 사람들이 많이 살고 있지.
　　　　　　　　　　　　　　　　　　　　　　　　　　　　　　▶ 가뭄과 전쟁으로 많은 사람이 굶주리고 있는 에티오피아

3 나는 이런 현실이 원망스럽고 슬퍼. 한국 돈 250원이면 우리나라에서는 한 아이가 건강하게 성장할 수 있는 하루
치의 음식을 얻을 수 있어. 하지만 그 정도의 음식도 먹지 못해서 <u>5초에 1명씩 어린이가 죽어 가고 있어.</u> 또 전 세계 옥
　　　　　　　　　　　　　　　　　　　　　　　　　　굶주림으로 어린이들이 고통받고 있는 현실 ①
수수의 4분의 1을 부유한 나라의 소가 사료로 먹는데, 한편에서는 먹을 것이 없어 <u>4분마다 1명의 어린이가 시력을 잃고</u>
<u>있지.</u>　　　　　　　　　　　　　　　　　　　　　　굶주림으로 어린이들이 고통받고 있는 현실 ②
　　　　　　　　　　　　　　　　　　　　　　　　　　　▶ 굶주림으로 어린이들이 고통받고 있는 안타까운 현실

4 지금 당장 굶주림에 고통받는 사람들을 모두 구할 수는 없다는 걸 알고 있어. 하지만 우리가 함께 힘을 모아 노력
하면 기아 문제를 해결할 수 있으리라 믿어. 『한국 친구들이 우리의 이러한 상황을 알았으면 좋겠어. 세계 곳곳에서 굶
　　　　　　　　　　　　　　　　　　　　　　『 』: 온두레아가 한국에 사는 친구들에게 편지를 쓴 이유
주리고 있는 사람들에게 따뜻한 시선을 보내고, 관심을 기울였으면 해. 더 이상 지구상에 굶주림으로 고통받는 사람들
이 없었으면 좋겠어.』

　　지금까지 내 편지를 읽어 줘서 고마워. 그럼 잘 있어.　　　　　　　▶ 온두레아가 한국에 사는 친구들에게 편지를 쓴 이유

20○○년 ○월 ○일

에티오피아에 사는 온두레아 씀.

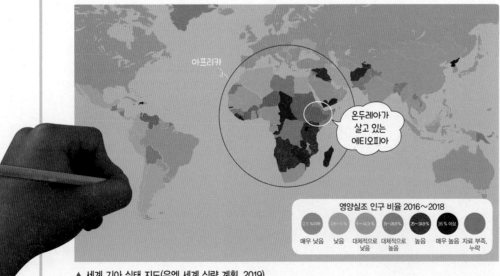

▲ 세계 기아 실태 지도(유엔 세계 식량 계획, 2019)

≫ 글 내용 한눈에 보기 •••

본문 29쪽

1 에티오피아   **2** 한국   **3** 아프리카   **4** 시력   **5** 관심

◀ 글을 이해해요 ▶

☑ 자기 평가

본문 30쪽

01 (내용 이해)
④

○ ✕

02 (내용 추론)
①

○ ✕

03 (내용 이해)
②

○ ✕

04 (중심 내용 쓰기)
온두레아는 한국 친구들이 세계 곳곳에서 굶주리고 있는 사람들에게 <u>따뜻한 시선을 보내고, 관심을 기울이기</u>를 바란다.

○ ✕

01 2문단에서 에티오피아는 가뭄과 전쟁 때문에 많은 사람이 굶주리고 있다고 했어요.

(오답 풀이)
① 2문단에서는 어린이 3명 중에 1명이 영양실조 상태라고 했어요.
② 편지에 언급되지 않은 내용이며, 만약 에티오피아가 부유한 나라라면 사람들이 굶주리지 않았을 거예요.
③ 2문단에서는 특히 유아 사망률이 매우 높다고 했어요.
⑤ 3문단에서는 한국 돈 250원이면 하루치의 식량을 살 수 있다고 했어요.

02 2문단에서는 에티오피아의 유아 사망률이 매우 높고 어린이 3명 중 1명이 영양실조 상태인데, 그 이유가 어린이는 연약해서 굶주림으로 인한 피해를 크게 입기 때문이라고 했어요.

03 2문단에서는 전 세계 인구의 8명 중 1명꼴로 영양실조를 겪고 있는데, 특히 아프리카 지역에 이런 사람들이 많이 살고 있다고 했어요. 따라서 기아 문제가 가장 심각한 지역은 아프리카임을 알 수 있어요. 또한 글에 제시된 세계 기아 실태 지도를 통해서도 아프리카의 기아 문제가 심각하다는 사실을 알 수 있어요.

(이럴 땐 이렇게!) 글과 함께 제시되는 사진, 그림과 같은 시각 자료를 정확하게 해석해야 해요. 세계 기아 실태 지도를 보면 아프리카 지역의 영양실조 인구가 매우 많아요.

04 온두레아가 한국 친구들에게 당부하고 싶은 말은 4문단에 제시되어 있어요. 온두레아는 한국 친구들이 세계 곳곳에서 굶주리고 있는 사람들에게 따뜻한 시선을 보내고, 관심을 기울였으면 한다고 했어요.

◀ 어휘를 익혀요 ▶

본문 31쪽

01 **1** ㄴ   **2** ㄱ   **3** ㄷ   **02** **1** 연약   **2** 부유   **3** 비롯   **03** **1** 관심   **2** 현실

07 우리는 형제, 다이아몬드와 연필심

코칭Tip 이 글은 같은 성분으로 이루어졌지만 서로 다른 물질이 된 다이아몬드와 연필심에 대해 설명하는 글입니다. 다이아몬드와 연필심의 공통점과 차이점을 비교해 보며 내용을 이해할 수 있도록 합니다.

1 값비싼 보석의 대명사인 <u>다이아몬드</u>가 우리 주변에서 흔하고 평범하게 쓰이는 <u>연필심</u>과 형제라는 사실, 알고 있는
중심 소재
가? 다이아몬드는 투명하고 아름답게 빛나는 보석이다. 게다가 세계에서 가장 단단하다. 그런데 연필심은 까만색이고
다이아몬드의 특징 ①   다이아몬드의 특징 ②   연필심의 특징
아주 쉽게 부러진다. 이처럼 겉모습도 다르고 강도도 다른 다이아몬드와 연필심을 왜 형제라고 하는지 함께 살펴보자.
▶ 다이아몬드와 연필심에 대한 소개

2 어떤 물건을 아주 잘게 쪼개면 그 물건이 어떤 성분으로 이루어졌는지 알 수 있다. 연필심은 흑연이라고도 부르는
연필심의 다른 이름
데, 사실 이 흑연과 다이아몬드는 똑같은 물질인 '탄소'라는 성분으로만 이루어져 있다. 즉 이 둘은 같은 성분을 가진
다이아몬드와 연필심을 형제라고 한 이유(다이아몬드와 연필심의 공통점)
'탄소 형제'라고 할 수 있다. 그렇다면 똑같이 탄소로 이루어져 있는데도 다이아몬드와 연필심은 왜 이렇게 다른 모습일
까? 그 이유는 탄소가 결합된 모양이 다르기 때문이다.   ▶ 다이아몬드와 연필심의 공통점과 차이점
같은 성분임에도 다이아몬드와 연필심이 다른 모습인 이유(다이아몬드와 연필심의 차이점)

3 다이아몬드 속의 모든 탄소 원자는 다른 4개의 탄소 원자들과 결합하여 촘촘한 그물 모양을 이룬다. 이러한 결합
다이아몬드 속 탄소 원자의 결합 구조
은 매우 단단하여 잘 끊어지지 않는다. 다이아몬드가 매우 단단할 수 있는 이유가 바로 여기에 있다. 반면 연필심 속의
다이아몬드 속 탄소 원자의 결합 구조가 지닌 특징
『모든 탄소 원자는 다른 3개의 탄소 원자들과 결합하여 육각형의 벌집 모양을 이룬다. 마치 얇은 판과 같은 형태가 되는
『 』: 연필심 속 탄소 원자의 결합 구조
데, 이러한 결합은 다이아몬드와 달리 위아래 판 사이의 결합이 약해서 쉽게 깨지게 된다. 그래서 연필심은 칼로 쉽게
연필심 속 탄소 원자의 결합 구조가 지닌 특징
깎이고, 또 쉽게 부러지는 것이다.   ▶ 다이아몬드와 연필심 속 탄소 원자의 결합 구조와 그 특징

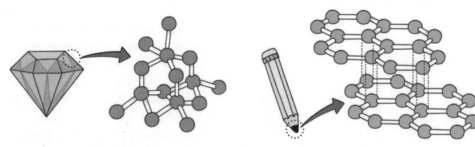

▲ 다이아몬드의 원자 구조   ▲ 연필심의 원자 구조

4 그렇다면 혹시 연필심을 다이아몬드로 변화시킬 수는 없을까? 사실 천연 다이아몬드는 지구 내부에 있는 흑연으
로부터 만들어진다. 지구 내부의 매우 높은 열과 압력 때문에 흑연 속 탄소의 결합 구조가 바뀌어 다이아몬드가 되는
지구 내부의 흑연이 천연 다이아몬드가 되는 원리
것이다. 그래서 사람들은 흑연으로 인조 다이아몬드를 만들기 위해 노력했고, 결국 1950년대에 미국에서 처음으로 다
이아몬드를 만들어 내었다. 이후 기술은 더욱 발전해 지금은 좀 더 낮은 온도, 낮은 압력에서 다이아몬드를 만들어 내
는 기술들이 개발되고 있다. 이렇게 만들어진 다이아몬드는 아쉽게도 보석으로서의 가치는 없지만, 공업에서 널리 사용
인조 다이아몬드의 쓰임
되고 있다.   ▶ 흑연으로 만든 인조 다이아몬드의 생산과 쓰임

❱❱ 글 내용 한눈에 보기 ●●●

본문 33쪽

1 연필심 **2** 투명 **3** 탄소 **4** 그물 **5** 벌집

❰ 글을 이해해요 ❱

✔ 자기 평가

본문 34쪽

01 (내용 이해)
1 ✕   **2** ○   ○ ✕

02 (내용 이해)
⑤   ○ ✕

03 (내용 추론)
②   ○ ✕

04 (내용 추론)
①   ○ ✕

05 (중심 내용 쓰기)
　연필심과 다이아몬드는 둘 다 탄소라는 성분으로만 이루어져 있지만, 탄소가 결합된 모양이 다르기 때문에 겉모습과 강도 등 차이점이 많다.   ○ ✕

01 **1** 다이아몬드는 모든 탄소 원자가 다른 4개의 탄소 원자와 결합한 것이에요.
2 4문단에서 천연 다이아몬드는 지구 내부에 있는 흑연으로부터 만들어지는데, 지구 내부의 매우 높은 열과 압력 때문에 흑연 속 탄소의 결합 구조가 바뀌어 다이아몬드가 되는 것이라고 했어요.

02 4문단에서는 사람들이 흑연(연필심)으로 인조 다이아몬드를 만들기 위해 노력한 결과, 1950년대에 미국에서 처음으로 다이아몬드를 만들어 내었다고 했어요.

03 1문단을 통해 연필심의 색이 까맣고 아주 쉽게 부러진다는 사실을 확인할 수 있지만, 연필심의 색이 까만 이유에 대해서는 알 수 없어요.

（오답풀이）
① 4문단에서 천연 다이아몬드는 지구 내부의 흑연이 매우 높은 열과 압력을 받아 만들어진다고 했어요.
③ 3문단에서 연필심은 탄소가 결합된 모양이 얇은 판과 같은 형태로, 위아래 판 사이의 결합이 약해서 쉽게 깨지게 된다고 했어요.
④ 2문단에서 다이아몬드와 연필심은 탄소가 결합된 모양이 다르다고 했어요.
⑤ 3문단에서 다이아몬드 속 탄소가 결합된 모양은 촘촘한 그물 모양이라고 했어요.

04 2문단에서는 흑연(연필심)과 다이아몬드는 똑같은 물질인 '탄소'라는 성분으로만 이루어져 있어서, 이 둘은 같은 성분을 가진 '탄소 형제'라고 할 수 있다고 했어요.

05 이 글은 연필심과 다이아몬드의 공통점과 차이점에 대해 설명하고 있어요. 연필심과 다이아몬드는 둘 다 탄소로 이루어져 있지만, 탄소가 결합된 모양이 다르다고 했어요.

❰ 어휘를 익혀요 ❱

본문 35쪽

01 **1** ㄷ **2** ㄱ **3** ㄴ   **02** **1** 강도 **2** 가치 **3** 대명사   **03** **1** 결합 **2** 성분

08 돈에는 누가?

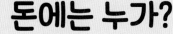 이 글은 각 나라의 화폐에 그려진 인물들에 대해 설명하는 글입니다. 화폐에 위인의 모습을 담는 이유와, 각국의 지폐에 담긴 인물이 누구인지 살펴보며 내용을 이해할 수 있도록 합니다.

1 "사람은 죽으면 이름을 남기고, 범은 죽으면 가죽을 남긴다."라는 속담이 있다. 사람은 살아 있는 동안 훌륭한 일을 하여 후세에 명성을 널리 알려야 한다는 뜻이다. 그렇다면 세상 사람들에게 이름을 남길 수 있는 방법에는 무엇이 있을까? 수많은 사람이 사용하는 돈에 얼굴이 그려져 있다면 모두가 그 사람을 기억할 것이다. 대부분의 나라에서는 <u>화폐</u>를 만들 때 위인의 얼굴을 사용한다. 위대한 업적을 쌓은 인물을 기억하기 위해서이다.
중심 소재 / 화폐에 위인의 얼굴을 사용하는 이유 ▶ 대부분의 나라에서 화폐에 위인의 얼굴을 사용하는 이유

2 화폐에 등장하는 인물에는 대통령이나 정치가가 많다. 세계에서 가장 많이 사용되는 화폐인 미국의 달러도 마찬가지이다. 미국에서 사용되는 지폐는 1·2·5·10·20·50·100달러이다. 이 중 10·100달러를 제외한 나머지 지폐에는 대
미국의 화폐 단위 / 미국 지폐의 종류
통령의 얼굴이 그려져 있다. 미국의 초대 대통령인 '조지 워싱턴', 제3대 대통령인 '토머스 제퍼슨', 제16대 대통령인 '에
□: 지폐에 담긴 인물들
이브러햄 링컨'과 같은 사람들이 등장한다. 그렇다면 100달러에 담긴 인물은 누구일까? '벤저민 프랭클린'이라는 사람이다. 그는 미국을 세우는 데 커다란 기여를 한 정치가이자 피뢰침, 이중 초점 렌즈 등을 개발한 과학자이기도 하다.
벤저민 프랭클린의 업적 ▶ 미국의 지폐에서 볼 수 있는 인물들

3 인도, 중국, 터키 등도 대통령이나 정치가의 얼굴을 화폐에 담았다. 이 세 나라의 공통점은 지폐의 단위와 상관없이 동일 인물이 지폐에 등장한다는 것이다. 인도의 화폐 단위는 루피로, '마하트마 간디'의 얼굴이 모든 지폐에 그려져
인도, 중국, 터키 화폐의 공통점 / 인도의 화폐 단위
있다. 그는 인도가 영국의 지배를 받았을 때 평화적인 방법으로 영국의 지배에서 벗어나기 위해 노력한 인물이다. 중국
마하트마 간디의 업적
의 화폐 단위는 위안으로, 중국 인민 공화국을 건국한 초대 주석인 '마오쩌둥'의 얼굴이 모든 지폐에 그려져 있다. 터키
중국의 화폐 단위 / 마오쩌둥의 업적
의 화폐 단위는 리라로, '무스타파 케말'의 얼굴이 모든 지폐에 그려져 있다. 그는 터키의 초대 대통령으로 터키의 아버
터키의 화폐 단위 / 무스타파 케말의 업적
지라고 불린다. ▶ 인도, 중국, 터키의 지폐에서 볼 수 있는 인물들

4 그렇다면 우리나라의 화폐에는 누가 있을까? 우리나라의 화폐 단위는 원이며, 지폐에는 정치가, 학자, 예술가 등
우리나라의 화폐 단위 / 우리나라 지폐에 등장하는 인물들의 유형
이 등장한다. 5만 원권에는 신사임당이 그려져 있다. 신사임당은 시, 글, 그림에 뛰어났던 예술가이자 5천 원권 지폐에
신사임당의 업적
등장하는 대학자 율곡 이이의 어머니이기도 하다. 1만 원권에는 세종
대왕이 그려져 있다. 세종 대왕은 한글 창제 등의 위대한 업적을
세종 대왕의 업적
남긴 왕이다. 1천 원권에는 정치가이자 학자였던 퇴계 이황이
퇴계 이황의 업적
등장한다. 우리나라의 지폐에서는 이처럼 조선 시대의 위
인들의 모습을 볼 수 있다.
▶ 우리나라의 화폐 단위와, 지폐에서 볼 수 있는 위인들

글 내용 한눈에 보기 •••

본문 37쪽

❶ 위인 ❷ 달러 ❸ 간디 ❹ 위안 ❺ 원 ❻ 이이

글을 이해해요

☑ 자기 평가

본문 38쪽

01 (내용 이해)
① 　　○　✕

02 (내용 이해)
② 　　○　✕

03 (내용 추론)
(퇴계) 이황 　　○　✕

04 (중심 내용 쓰기)
　　대부분의 나라에서는 화폐를 만들 때, 위대한 업적을 쌓은 인물을 기억하기 위해서 위인의 얼굴을 사용한다.
○　✕

01 2문단에서 미국의 지폐에는 대통령뿐만 아니라 정치가이자 과학자인 '벤저민 프랭클린'도 그려져 있다고 했어요.

（오답 풀이）
②, ③ 2문단에서 화폐에 등장하는 인물에는 대통령이나 정치가가 많으며, 세계에서 가장 많이 사용되는 화폐인 미국의 달러도 마찬가지라고 했어요.
④ 4문단에서 우리나라 지폐에는 정치가, 학자, 예술가 등이 등장하는데, 신사임당, 세종 대왕, 율곡 이이, 퇴계 이황이 담겨 있다고 했어요.
⑤ 3문단에서 터키의 모든 리라 지폐에는 무스타파 케말의 얼굴이 그려져 있다고 했어요.

02 3문단에서 중국의 화폐 단위는 위안으로, 중국 인민 공화국을 건국한 초대 주석인 마오쩌둥의 얼굴이 모든 지폐에 그려져 있다고 했어요.

（오답 풀이）
① 우리나라의 화폐 단위는 원이지만, 단군 왕검은 그려져 있지 않아요.
③ 터키의 화폐 단위는 리라예요.
④ 미국의 화폐 단위는 달러가 맞지만, 마하트마 간디는 인도의 지폐에 그려져 있는 인물이에요.
⑤ 인도의 화폐 단위는 루피이며, 에이브러햄 링컨은 미국의 지폐에 그려져 있는 인물이에요.

03 4문단에서는 우리나라 화폐에 대해 설명하고 있는데, 1천 원권에는 정치가이자 학자였던 퇴계 이황이 등장한다고 했어요.

04 이 글에서는 각 나라의 화폐에 담긴 인물들에 대해 설명하고 있어요. 대부분의 나라에서는 화폐를 만들 때 위대한 업적을 쌓은 인물을 기억하기 위해서 화폐에 위인의 얼굴을 사용한다고 했어요.

어휘를 익혀요

본문 39쪽

01 ❶ ㄴ ❷ ㄷ ❸ ㄱ **02** ❶ 기여 ❷ 업적 ❸ 초대 **03** ❶ 건국 ❷ 지배

09 세계 1등을 찾아라

본문 40~41쪽

코칭 Tip 이 글은 세계 최고의 기록들이 담긴 기네스북에 대해 설명하는 글입니다. 기네스북이 만들어진 과정과 기네스북의 가치를 살펴보며 내용을 이해할 수 있도록 합니다.

1

- 세계에서 가장 무거운 사람의 몸무게는 얼마나 될까? 〉 635kg
- 세계에서 가장 키가 큰 사람의 키는 얼마나 될까? 〉 251cm
- 세계에서 가장 많이 전학을 다닌 학생은 몇 번이나 전학을 갔을까? 〉 260번
- 세계에서 바다와 가장 가까운 기차역은 어디일까? 〉 정동진역
- 얼마나 많은 사람이 동시에 자전거를 탔을까? 〉 136,411명

▶ 세계 최고 기록에 대한 다양한 궁금증과 그 대답

2 앞에서 본 내용은 다양한 분야에서의 세계 최고 기록이다. 이러한 기록은 어디에서 찾아볼 수 있을까?『영국의 '기네스'라는 회사의 사장인 '휴 비버'는 사냥을 나갔다가 주변 사람들과 가장 빠른 새가 무엇인지에 대한 말다툼을 했다.
『 』: 기네스북이 처음 만들어지게 된 과정
그는 이 궁금증에 대한 답을 알고 싶었지만 이를 확인할 수 있는 자료를 찾을 수 없었다. 그 이후 그는 신기한 세계 기록이 궁금해졌고, 이러한 궁금증에 대한 답을 찾을 수 있는 책을 만들려고 하였다. 그래서 당시 기자였던 '맥허터 형제'에게 책을 편집해 달라고 부탁했다. 맥허터 형제는 1955년 기네스 회사의 이름을 따서『기네스북 오브 레코즈』라는 책을 냈는데, 이 책이 지금 우리가 알고 있는『기네스북』의 시작이다.』 ▶ 기네스북이 처음 만들어지기까지의 과정
중심 소재

3 이 책은 나오자마자 베스트셀러가 되었고, 이후 각국의 언어로 만들어지면서 전 세계로 퍼져 나갔다. 기네스북은 천문, 지리, 자연, 역사, 과학, 인문, 스포츠, 예술 등 여러 분야에서 세계 최고로 인정된 기록들을 사진과 함께 소개하며,
기네스북이 다루는 분야   기네스북에 담겨 있는 내용 ①
매년 새로운 내용을 담아낸다.『발행된 지 50주년을 맞은 2003년에는 1억 권이 팔리기도 했다. 2000년부터 '기네스
『 』: 기네스북의 발행 현황
월드 레코즈'라는 제목을 사용하고 있으며, 현재도 100개국이 넘는 나라에서 30여 개의 언어로 번역되어 발행되고 있다.』
▶ 기네스북이 다루는 분야와 기네스북의 발행 현황

4 기네스북에는 엉뚱하고 사소한 기록과 함께 인간의 한계에 도전한 이야기와 자신과의 싸움에서 승리한 이야기도
기네스북에 담겨 있는 내용 ②
실려 있다. 세계 최고 기록에 도전하는 사람들을 보며 '왜 이런 도전을 할까?'라는 생각이 들 때도 있다. 하지만 그 사람들에게는 어떤 분야에서 누구도 따라올 수 없는 일인자가 되고 싶다는 바람이 있을 것이다. 기네스북은 이런 바람을 이룬 사람들의 이야기를 알리고, 작고 사소하지만 누군가는 궁금해할 정보를 기록하고 있다. 처음 기네스북을 만든 이유처럼 사소한 정보라도 모아 두면 소중한 자료가 된다. 또한 세계 최고가 되고 싶은 사람들의 도전을 응원한다는 점에서
기네스북의 가치 ①   기네스북의 가치 ②
기네스북의 가치를 발견할 수 있다. ▶ 기네스북의 가치

136,411명이 동시에
자전거를 탔다고?
기네스 기록 인정!

GUINNESS WORLD RECORDS

❥❥ 글 내용 한눈에 보기 •••

본문 41쪽

1 기네스 **2** 천문 **3** 사진 **4** 한계

◀ 글을 이해해요 ▶

✅ 자기 평가

본문 42쪽

01 (내용 이해)
1 ◯   **2** ◯   **3** ✕

◯ ✕

02 (내용 이해)
②

◯ ✕

03 (내용 추론)
④

◯ ✕

04 (내용 이해)
기네스북 오브 레코즈

◯ ✕

05 (중심 내용 쓰기)
　기네스북은 작고 사소하지만 누군가는 궁금해할 정보를 기록한 소중한 자료이자, <u>세계 최고가 되고 싶은 사람들의 도전을 응원한다는</u> 점에서 가치가 있다.

◯ ✕

01 **1** 4문단에서 기네스북은 작고 사소하지만 누군가는 궁금해할 정보를 기록하고 있다고 했어요.
2 4문단에서 기네스북은 세계 최고에 도전하여 그것을 이룬 사람들의 이야기를 알리고, 세계 최고가 되고 싶은 사람들의 도전을 응원한다고 했어요.
3 기네스북은 인간의 한계에 도전하고, 이에 성공하여 세계 최고가 된 사람들의 기록을 싣고 있어요.

02 3문단에서 기네스북은 여러 분야에서 세계 최고로 인정된 기록들을 사진과 함께 소개하며, 매년 새로운 내용을 담아낸다고 했어요.

(오답 풀이)
① 3문단을 통해 기네스북이 많은 사람들이 읽은 베스트셀러임을 확인할 수 있어요.
③, ④ 3문단에서 기네스북은 천문, 지리, 자연, 역사, 과학, 인문, 스포츠, 예술 등 여러 분야에서 세계 최고로 인정된 기록들을 사진과 함께 소개한다고 했어요.
⑤ 3문단에서 기네스북은 현재도 100개국이 넘는 나라에서 30여 개의 언어로 번역되어 발행되고 있다고 했어요.

03 기네스북에 실리기 위해서는 객관적으로 측정이 가능한 기록이어야 해요. '가장 마음이 착한 사람'과 같이 추상적인 내용은 객관적으로 측정하기가 어려우므로 기네스북에 기록을 싣기 어려워요.

04 2문단에서 맥허터 형제는 기네스의 사장 휴 비버의 부탁으로 1955년 『기네스북 오브 레코즈』라는 책을 냈는데, 이 책이 지금 우리가 알고 있는 『기네스북』의 시작이라고 했어요.

05 이 글은 기네스북이 만들어진 과정과 기네스북의 가치에 대해 설명하고 있어요. 기네스북은 작고 사소한 정보들을 담고 있지만, 세계 최고가 되고 싶은 사람들의 도전을 응원한다는 점에서 그 가치를 발견할 수 있어요.

◀ 어휘를 익혀요 ▶

본문 43쪽

01 **1** ㄴ **2** ㄱ **3** ㄷ   **02** **1** 발행 **2** 편집 **3** 정보   **03** **1** 소개 **2** 번역

10 세종 대왕을 만나다

> **코칭 Tip** 이 글은 우리나라의 글자인 한글의 창제 원리와 우수성을 설명하고 있는 가상 인터뷰입니다. 세종 대왕의 설명을 읽으며 한글이 만들어진 과정과 한글의 특징 및 한글의 우수성을 이해할 수 있도록 합니다.

1 **학생** 세종 대왕님, 이렇게 인터뷰에 응해 주셔서 감사합니다. 한글에 대해 몇 가지 질문을 드리겠습니다. 글자를 만든 목적과 방법이 밝혀진 경우는 한글밖에 없다고 하는데요. 한글을 만드신 이유가 궁금해요.
〔중심 소재〕

세종 대왕 한글이 만들어지기 전 우리는 중국의 글자인 한자를 빌려 썼지요. 그러다 보니 실제로 쓰는 말과 글자로
〔한글 창제 이전 우리가 쓴 문자〕   〔한자 사용의 문제점 ①〕
적는 내용이 서로 달라 매우 불편했습니다. 또한 한자는 어려워서 백성들이 배우고 사용하기 무척 힘들었지요. 그래서
〔한자 사용의 문제점 ②〕
누구나 쉽게 배우고 쓸 수 있는 글자를 만들어야겠다고 생각했습니다.   ▶ 세종 대왕이 한글을 만든 이유
〔한글을 만든 이유〕

2 **학생** 아하! 백성들을 사랑하는 마음으로 한글을 만드신 거군요. 그럼 한글을 어떻게 만드셨나요?

세종 대왕 발음 기관과 하늘, 땅, 사람의 모양을 본떴어요. 먼저 아래 그림처럼 자음의 기본자 'ㄱ, ㄴ, ㅁ, ㅅ, ㅇ'은
〔한글 창제의 기본 원리〕   〔자음의 기본자를 만든 방법〕
발음 기관을 본떠서 만들었지요. 글자 모양만 봐도 그 소리를 짐작할 수 있게 하려고요. 그리고 'ㄱ – ㅋ'과 같이 기본
〔발음 기관을 본떠 자음의 기본자를 만든 이유〕   〔가획의 원리〕
자음에 획을 더하거나, 'ㄱ – ㄲ'과 같이 글자를 나란히 쓰는 방법으로 자음을 더 만들었지요.
〔병서의 원리〕

혀뿌리가 목구멍을 막는 모양	혀끝이 윗잇몸에 닿는 모양	입의 모양	이의 모양	목구멍의 모양

모음의 기본자는 하늘의 둥근 모양을 본떠 'ㆍ(아래아)'를, 땅의 평평한 모양을 본떠 'ㅡ'를, 사람이 서 있는 모양을 본
〔모음의 기본자를 만든 방법〕
떠 'ㅣ'를 만들었어요. 그리고 이 기본자를 서로 합쳐서 다양한 모음을 만들었어요. 예를 들어, 'ㅏ'는 'ㅣ'와 'ㆍ'를 합쳐
〔나머지 모음을 만든 방법〕
서 만든 모음이에요.   ▶ 세종 대왕이 한글의 자음과 모음을 만든 방법

3 **학생** 정말 대단하네요. 한글의 우수성에 대해서도 말씀해 주실 수 있나요?

세종 대왕 한자와 같은 뜻글자는 문자 하나하나가 의미를 나타냅니다. 그래서 수많은 글자의 모양과 의미를 외워야
만 사용할 수 있죠. 반면 한글은 소리글자이기 때문에 적은 수의 글자만 익히면 그것을 합하여 수많은 낱말을 만들 수
〔한글의 우수성 ①〕
있어요. 알파벳의 경우 A에는 9가지 소리가 있고 F에는 11가지 소리가 있어서, 어떤 경우에 어떻게 소리 나는지 헷갈
릴 때가 많습니다. 반면 한글은 하나의 글자가 하나의 소리로만 나니까 어떻게 소리 나는지 헷갈릴 염려가 없지요.
〔한글의 우수성 ②〕

학생 그렇군요. 한글은 알면 알수록 훌륭한 글자네요.   ▶ 익혀야 할 글자 수 적고 하나의 소리로만 발음되는 한글의 우수성

글 내용 한눈에 보기 •••

본문 45쪽

1 세종 대왕　**2** 획　**3** 하늘　**4** 소리

글을 이해해요

☑ 자기 평가

본문 46쪽

01 (내용 추론)
ㄷ
○ ✕

02 (내용 이해)
⑤
○ ✕

03 (내용 추론)
③
○ ✕

04 (중심 내용 쓰기)
한글은 <u>발음 기관과 하늘, 땅, 사람의 모양</u>을 본떠 만든 글자로, 누구나 쉽게 배우고 쓸 수 있다.
○ ✕

01 한글은 기본 자음 'ㄱ, ㄴ, ㅁ, ㅅ, ㅇ'에 획을 더하거나 글자를 나란히 쓰는 방법으로 자음을 더 만들었어요. 'ㄴ'은 혀 끝이 윗잇몸에 닿는 모양을 본떠 만든 기본 자음이고, 이 기본 자음에 획을 하나 더하면 'ㄷ', 여기서 획을 하나 더 더하면 'ㅌ'이 돼요.

02 ⑤는 모음이 아니라 자음을 더 만들기 위해 사용한 방법이에요.

(오답 풀이)
①, ④ 모음의 기본자를 만든 방법이에요.
②, ③ 기본자를 이용해 모음을 더 만든 방법이에요.

03 한글은 적은 수의 글자만 익히면 그것을 합하여 수많은 낱말을 만들 수 있어요. 또한 하나의 글자가 하나의 소리로만 발음되어서 글자가 어떻게 소리 나는지 헷갈리지 않는다는 장점이 있어요.

(오답 풀이)
① 한글은 백성들이 만든 글자가 아니라 세종 대왕이 만든 글자예요.
② 한글은 하나의 글자가 하나의 소리로만 나요.
④ 각 글자마다 다른 뜻이 담겨 있는 것은 한자와 같은 뜻글자예요. 이러한 뜻글자는 수많은 글자의 모양과 의미를 외워야만 사용할 수 있으므로 배우고 사용하기 불편하다는 단점이 있어요.
⑤ 한글은 국제적으로 널리 쓰이는 말인 국제어(세계어)가 아니므로, 전 세계 사람들이 알고 있다는 설명은 적절하지 않아요.

04 이 글은 한글이 만들어진 과정과 한글의 특징 및 우수성에 대한 내용을 담은 가상 인터뷰예요. 세종 대왕은 한글의 자음은 발음 기관을, 모음은 하늘과 땅, 사람의 모양을 본떠서 만들었다고 했어요. 또한 누구나 쉽게 배우고 쓸 수 있는 글자를 만들기 위해 한글을 창제했다고 했어요.

어휘를 익혀요

본문 47쪽

01　**1** ㄴ　**2** ㄱ　**3** ㄷ　　**02**　**1** 우수성　**2** 짐작　**3** 염려　　**03**　**1** 기본　**2** 의미

11 곤충도 먹을 수 있어

코칭 Tip 이 글은 미래 먹거리인 곤충에 대해 설명하는 글입니다. 곤충이 왜 미래 먹거리로 관심받는지, 먹거리로서 곤충의 좋은 점은 무엇인지 등을 파악하며 글을 읽을 수 있도록 합니다.

1 많은 사람들이 징그럽다는 이유로 곤충을 싫어한다. 그런데 곤충을 먹는다고 하면 어떨까? 누군가는 상상조차 할 수 없는 일일 수도 있다. 하지만 실제로 머지않은 미래에 곤충이 우리 식탁에 오를 수 있다. 인구가 계속 늘어나고 환경 문제가 심해지면 점점 먹거리가 모자라게 되거나 먹거리를 만들기 어려워질 수 있다. 전문가들은 이러한 문제를 해결해 줄 미래 먹거리로 곤충을 꼽고 있다.

▲ 먹거리 부족 문제
▶ 미래 먹거리로 꼽히고 있는 곤충

2 가축은 배설할 때 가스를 배출하고, 이 가스는 환경을 오염한다. 하지만 곤충은 기존의 가축에 비해 배설물이 적기 때문에 훨씬 적은 양의 가스를 배출한다. 또한 기존의 가축을 기르기 위해서는 넓은 땅은 물론 많은 양의 먹이와 물이 필요하지만, 곤충은 좁은 땅에서 적은 양의 먹이와 물만 있어도 기를 수 있다. 그리고 곤충은 가축보다 자라는 속도가 빨라 짧으면 3주, 길면 3개월 안에 사람이 먹을 수 있을 만큼 자란다. 이렇게 곤충은 가축을 기를 때 발생하는 오염을 줄일 수 있고, 최소한의 자금과 노력으로 최대한의 식량을 만들 수 있기에 미래 식량으로 손색이 없다.

▶ 가축에 비해 미래 식량으로 손색이 없는 곤충

3 또한 곤충은 영양소가 많아 소고기나 돼지고기를 대신할 수 있다. 메뚜기의 단백질은 소고기의 3배 이상이다. 곤충에는 단백질 이외에도 무기질, 칼슘, 철, 아연, 비타민 등 몸에 좋은 영양소가 많이 들어 있다. 이런 좋은 점 때문에 세계 여러 나라와 기업들은 식용 곤충을 이용하여 먹거리를 만들기 위해 노력하고 있다. 이미 다른 나라에서는 곤충 간식, 곤충 과자 등을 팔고 있을 정도다. 우리나라에서도 식용 곤충을 기르는 농가가 2016년 1,261개에서 2017년에는 2,600개로 늘어났다.

▶ 영양소가 많아 소고기나 돼지고기를 대신할 수 있는 곤충

4 그러나 곤충을 식재료로 사용하기 위해서는 해결해야 할 문제가 있다. 현재 곤충을 사육하는 농가의 규모는 매우 작다. 위생적인 시설을 갖추고 대규모로 곤충을 사육할 수 있는 곳이 부족한 것이다. 곤충을 식재료로 사용하려면 위생적인 환경에서 곤충을 기를 수 있는 시설을 늘려야 한다. 무엇보다 큰 문제는 대부분의 사람들은 징그러운 생김새를 지닌 곤충을 싫어한다는 것이다. 이를 해결하기 위해 여러 나라에서는 곤충의 생김새가 드러나지 않는 가루나 과자 형태의 다양한 먹거리를 만들고 있다. 우리나라도 갈색거저리 유충, 장수풍뎅이 유충, 흰점박이꽃무지 유충, 누에 유충, 누에 번데기 등의 곤충을 가축으로 인정하고 곤충 산업의 발전을 위해 노력하고 있다.

▶ 곤충을 식재료로 사용하기 위해 해결해야 할 문제

❯❯ 글 내용 한눈에 보기 •••

본문 49쪽

1 인구 **2** 속도 **3** 영양소 **4** 생김새

◀ 글을 이해해요 ▶

✔ 자기 평가

본문 50쪽

01 (내용 이해)
    1 ✕   **2** ◯

◯ ✕

02 (내용 추론)
    ④

◯ ✕

03 (내용 추론)
    ④

◯ ✕

04 (내용 이해)
    ①

◯ ✕

05 (중심 내용 쓰기)
    곤충은 가축을 기를 때 발생하는 (환경) 오염을 줄일
수 있고, 최소한의 자금과 노력으로 최대한의 식량을
만들 수 있으며, 소고기나 돼지고기보다 영양소가 많아
미래 식량으로 손색이 없다.

◯ ✕

01 **1** 4문단에서는 곤충을 식재료로 사용하기 위해 해결
해야 할 문제가 있는데, 그중 하나가 현재 곤충을 사육하는
농가의 규모가 매우 작은 것이라고 했어요.
  2 2문단에서 곤충은 가축보다 자라는 속도가 빨라 3주에
서 3개월 안에 사람이 먹을 수 있을 만큼 자란다고 했어요.

02 1문단에서 인구가 계속 늘어나고 환경 문제가 심해지면
점점 먹거리가 모자라게 되거나 먹거리를 만들기 어려워질
수 있다고 했어요. 이러한 문제를 해결하기 위해 곤충이 미래
먹거리로 관심을 받게 되었어요.

(오답 풀이)
①, ② 이 글에 제시되지 않은 내용이에요.
③ 4문단에서는 대부분의 사람들이 징그러운 생김새를 지닌
곤충을 싫어한다고 했어요.
⑤ 2문단에서 곤충은 가축에 비해 배설물이 적기 때문에 훨
씬 적은 양의 가스를 배출한다고 했어요.

03 4문단에서 곤충을 식재료로 사용할 때 가장 큰 문제는,
사람들이 곤충의 징그러운 생김새를 싫어하는 것이라고 했
어요. 따라서 곤충을 식재료로 사용하기 위해 가장 먼저 해야
할 일은 곤충에 대한 사람들의 인식을 바꾸는 것이라고 할 수
있어요.

04 4문단의 마지막 문장에서는 '우리나라도 갈색거저리 유
충, 장수풍뎅이 유충, 흰점박이꽃무지 유충, 누에 유충, 누에
번데기 등의 곤충을 가축으로 인정'한다고 했어요. 이 중에 해
당하지 않는 것은 ① '왕잠자리'예요.

05 이 글은 늘어나는 인구와 심각해지는 환경 문제 때문에
먹거리가 모자라게 되거나 먹거리를 만드는 일이 어려워질
수 있는 문제를 해결해 줄 미래 먹거리인 '곤충'의 장점에 대
해 설명하고 있어요.

◀ 어휘를 익혀요 ▶

본문 51쪽

01 **1** ㄴ **2** ㄱ **3** ㄷ   **02** **1** 인정 **2** 배출 **3** 농가   **03** **1** 사육 **2** 위생

12 색다른 면 요리

본문 52~53쪽

코칭Tip 이 글은 우리나라 여러 지역의 특색 있는 면 요리를 설명하는 글입니다. 각 지역의 대표 면 요리는 무엇이며, 어떤 특징이 있는지 파악하며 글을 읽을 수 있도록 합니다.

1 독일의 한 조사 기관에서 발표한 국가별 면 소비량에서 우리나라의 국민 1인당 면 소비량은 76.5그릇으로 세계 1위를 차지하였다. 그만큼 한국인들의 면 사랑은 정말 세계적이라고 할 수 있다. 그도 그럴 것이 우리나라의 면 요리는 잔치국수, 콩국수, 비빔국수, 냉면 등으로 매우 다양하다. 게다가 지역마다 즐겨 먹는 독특한 면 요리도 있다. 이처럼 여러 지역의 특색 있는 면 요리들에는 어떤 것들이 있는지 함께 살펴보자.
▶ 여러 지역의 특색 있는 면 요리들 소개

2 **생선국수**

생선국수는 충청북도에서 생선과 면을 넣어 끓여 먹는 국수이다. 충청북도는 내륙 지방이지만 산에 강과 냇물이 많아 민물고기가 많이 잡힌다. 맑은 물에서 사는 민물고기는 비린내가 덜하고, 또 국수를 끓일 때 청주나 생강 등 비린내를 잡는 양념을 넣어 오랜 시간 끓이기에 국물 맛이 시원하고 얼큰하다. 생선국수에 사용되는 생선은 메기나 붕어로, 뼈째 몽땅 사용하여 영양이 풍부한 음식이다.
▶ 충청북도에서 민물고기를 넣어 끓여 먹는 생선국수

3 **팥 칼국수**

팥 칼국수는 팥죽에 동글동글한 새알심 대신 칼국수를 넣은 음식이다. 원래 팥죽은 겨울철 동지에 해 먹는 음식이지만, 전라도 지역에서는 평상시에도 즐겨 먹는다. 다른 지역에서는 팥죽에 찹쌀가루나 수수 가루로 동글동글하게 만든 새알심을 넣지만, 전라도에서는 칼국수를 넣는다. 팥 칼국수는 전라도 지역의 독특한 문화인 셈이다. 전라도에서는 더운 여름에 뜨거운 팥 칼국수를 먹으며 더위를 이겨 내기도 한다.
▶ 전라도에서 팥죽에 새알심 대신 칼국수를 넣어 먹는 팥 칼국수

4 **밀면**

밀면은 육이오 전쟁의 아픔이 담겨 있는 음식이다. 육이오 전쟁 당시 부산까지 피란을 오게 된 북한 사람들이 냉면을 대신해 만든 요리이기 때문이다. 『냉면은 원래 메밀가루로 만드는데, 부산에서는 메밀가루를 구하기 어려웠다. 그래서 당시 미군을 통해서 구할 수 있던 밀가루를 사용해 만들기 시작한 것이 밀면이다. 밀면이라는 이름은 밀가루로 만들었다고 해서 붙은 것이다.』 밀면은 1950년대 초반부터 부산에서 만들어지기 시작해서 지금은 부산을 대표하는 면 요리가 되었다.
▶ 육이오 전쟁 때 피란민들이 만들었으나, 지금은 부산의 대표적인 면 요리가 된 밀면

5 **고기국수**

고기국수는 제주도의 전통 음식 중 하나이다. 『제주도의 흙은 화산 분출물로 이루어져 있어서 쌀농사를 짓기 어렵다. 그런 이유로 제주도 사람들은 밀과 보리를 주로 키웠고, 밀과 보리를 활용한 면 요리가 발달했다.』 그중 고기국수는 돼지고기와 돼지 뼈를 푹 삶은 국물에 면을 넣은 요리로 잔치 때 주로 해서 먹었다. 고기국수는 제주도의 특산품인 돼지고기를 푸짐하게 올려 먹기 때문에 잔치 음식으로 제격이었다.
▶ 제주도의 전통 음식 중 하나로, 돼지고기를 푸짐하게 올려 먹는 고기국수

❯❯ 글 내용 한눈에 보기 ●●●

본문 53쪽

1 민물 **2** 새알심 **3** 부산 **4** 고기

◀ 글을 이해해요 ▶

☑ 자기 평가

본문 54쪽

01 (내용 이해)
  1 모두 사용하여 **2** 육이오 전쟁

⭕ ❌

02 (내용 이해)
  ④

⭕ ❌

03 (내용 추론)
  ⑤

⭕ ❌

04 (내용 이해)
  ⑤

⭕ ❌

05 (중심 내용 쓰기)
  우리나라는 생선국수, 팥 칼국수, 밀면, 고기국수와 같이 여러 지역의 특색 있는 면 요리들이 있다.

⭕ ❌

01 **1** 2문단에서 생선국수에 사용되는 생선은 메기나 붕어로, 뼈째 몽땅 사용한다고 했어요.
  2 4문단에서 밀면은 육이오 전쟁의 아픔이 담겨 있는 음식이라고 했어요.

02 밀면은 육이오 전쟁의 아픔이 담겨 있는 음식으로, 육이오 전쟁 당시 부산까지 피란을 오게 된 북한 사람들이 냉면을 대신해 만든 요리라고 했어요.

(오답 풀이)
① 충청북도에서 먹는 생선국수에는 바닷물고기가 아니라 민물고기가 들어간다고 했어요.
② 고기국수의 국물은 돼지고기로 만든다고 했어요.
③ 팥 칼국수에는 새알심이 아니라 칼국수가 들어간다고 했어요.
⑤ 밀면은 밀가루로 만들어서 붙은 이름이라고 했어요.

03 제주도의 위치적, 지형적 특징을 떠올리면 제주도에서 면 요리가 발달한 이유를 알 수 있어요. 화산 분출물로 이루어진 제주도의 흙으로는 쌀농사를 짓기 어렵기 때문에, 제주도에서는 밭에서 자라는 밀이나 보리를 활용한 요리가 발달했어요.

04 이 글에는 민물고기가 많이 잡히는 충청북도의 생선국수, 새알심 대신 칼국수를 넣어 먹는 전라도의 팥 칼국수, 부산으로 왔던 피란민들이 밀가루로 만들어 먹었던 밀면, 제주도 지역 특산품인 돼지고기를 이용해서 만든 고기국수 등이 소개되어 있어요.

05 이 글은 우리나라 여러 지역의 특색 있는 면 요리들을 설명하고 있어요. 그중에서도 충청북도의 생선국수, 전라도의 팥 칼국수, 부산의 밀면, 제주도의 고기국수를 소개하고 있어요.

◀ 어휘를 익혀요 ▶

본문 55쪽

01 **1** ㄱ **2** ㄷ **3** ㄴ   **02** **1** 독특 **2** 피란 **3** 동지   **03** **1** 특산품 **2** 소비량

본문 56~57쪽

코칭Tip 이 글은 페루에 있는 나스카 라인에 대해 설명하는 글입니다. 나스카 라인은 무엇인지, 어떤 모양이 있는지, 나스카 라인을 그린 방법과 그린 이유는 무엇인지 등을 확인해 보며 내용을 이해할 수 있도록 합니다.

1 '나스카 라인'은 페루 나스카 지역의 평평한 땅 위에 그려진 큰 그림과 선을 말한다. 나스카 지역은 2년 동안의 강
  중심 소재   *나스카 라인의 개념*
우량이 20mm도 되지 않는, 지구상에서 가장 건조한 곳이다. 이곳의 자갈땅을 깊이 10~20cm, 너비 20~30cm 정도
         나스카 지역의 지리적 특성
로 파서 그린 나스카 라인은 지금까지 발견된 것만 수백 개가 넘는다. 그리고 계속해서 새로운 나스카 라인이 발견되고
                                    나스카 라인의 개수
있다. 나스카 라인에는 『새, 원숭이, 우주인으로 보이는 존재, 가지가 많은 나무, 다리가 긴 거미, 개, 고래 등의 그림이
            『 』: 나스카 라인의 종류
있으며, 직선, 소용돌이, 삼각형 등의 무늬도 있다.』가장 큰 동물 그림은 축구장 3배 정도의 크기이고, 가장 긴 직선의
                                         나스카 라인의 크기
길이는 10km에 달한다. 그야말로 거대한 크기여서 하늘 위에서 바라보지 않으면 확인할 수 없을 정도다. 이런 이유로
                            ↑ 이유
나스카 라인은 비행기 여행이 인기를 얻기 시작한 때에야 발견될 수 있었다.   ▶ 지금까지 발견된 나스카 라인의 개수와 종류 및 크기

2 나스카 라인은 1939년에 미국의 역사학자인 '코소크'가 처음 발견하였는데, 이후 세부적인 조사는 독일 출신의 고
고학자인 '마리아 라이헤'에 의해 이루어졌다. 나스카 라인을 연구하는 데에 일생의 대부분을 바친 마리아 라이헤는 나
스카 라인이 기원전 190년에서 기원후 600년 사이에 그려졌음을 밝혀내었으며, 나스카 라인이 어떤 방법으로 그려졌
                   마리아 라이헤의 업적 ①   *마리아 라이헤의 업적 ②*
는지도 추측했다. 그녀는 『직선은 말뚝에 줄을 묶어 그 줄을 따라 그리고, 곡선은 중심점에 말뚝을 박고 줄을 묶어 이를
              『 』: 나스카 라인을 그린 방법에 대한 마리아 라이헤의 추측
컴퍼스처럼 이용해서 그렸다고 보았다.』실제 마리아 라이헤의 추측대로 말뚝을 박았던 흔적과 중심점 자국이 발견되기
도 하였다.   ▶ 나스카 라인을 연구한 학자 마리아 라이헤

3 그러나 마리아 라이헤의 이런 연구에도 불구하고, 나스카 라인을 누가 어떤 이유로 그린 것인
지는 아직까지 밝혀지지 않고 있다. 『신에게 기도하기 위한 것이다, 부족의 힘을 다른 사람에게
                    나스카 라인이 미스터리인 이유
보여 주기 위한 것이다, 별을 관찰하기 위한 것이다, 외계인이 그린 것이다 등 다양한 추측만
       『 』: 나스카 라인을 그린 이유에 대한 추측
이 있을 뿐이다.』많은 과학자가 나스카 라인의 비밀을 밝히기 위해 첨단 기술까지 동원하였
지만 아직도 분명히 밝혀진 것이 없다. 계속해서 연구 중인 만큼 언젠가는 나스카 라인의
미스터리도 풀릴 날이 올 것이다. 그때까지 세계의 문화유산인 나스카 라인을 오래도록 잘
                               글쓴이의 당부
보존해야 할 것이다.   ▶ 나스카 라인을 그린 이유에 대한 다양한 추측과 글쓴이의 당부

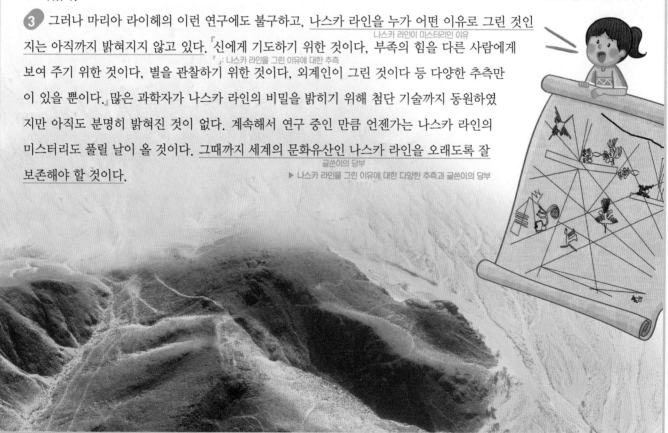

✅ 글 내용 한눈에 보기 ●●●

본문 57쪽

1 그림   **2** 우주인   **3** 마리아 라이헤   **4** 직선   **5** 곡선

◀ 글을 이해해요 ▶

✅ 자기 평가

본문 58쪽

01 (내용 이해)
④
○ ✕

02 (내용 추론)
④
○ ✕

03 (내용 이해)
말뚝
○ ✕

04 (중심 내용 쓰기)
나스카 라인은 페루 나스카 지역의 <u>평평한 땅 위에</u> <u>그려진 큰 그림과 선</u>으로, 누가 어떤 이유로 그린 것인지 밝혀지지 않고 있기 때문에 미스터리이다.
○ ✕

01 3문단을 보면 나스카 라인을 그린 다양한 추측이 제시되어 있어요. 나스카 라인을 그린 이유에 대해 신에게 기도하기 위한 것이다, 부족의 힘을 다른 사람에게 보여 주기 위한 것이다, 별을 관찰하기 위한 것이다, 외계인이 그린 것이다 등으로 추측하고 있지만 누가 왜 그렸는지 확실히 밝혀지지 않았어요. 하지만 아마존강으로 가는 길을 표시하려고 그렸다는 추측은 제시되어 있지 않아요.

02 나스카 라인의 모양에 대해서는 1문단을 통해 알 수 있어요. 나스카 라인에는 새, 원숭이, 우주인으로 보이는 존재, 가지가 많은 나무, 다리가 긴 거미, 개, 고래 등의 그림이 있으며, 직선, 소용돌이, 삼각형 등의 무늬도 있다고 했어요. 그러나 ④의 별 모양은 나오지 않았어요.

(오답 풀이)
① 날개가 큰 새 모양이에요.
② 원숭이 모양이에요.
③ 가지가 많은 나무 모양이에요.
⑤ 다리가 긴 거미 모양이에요.

(이럴 땐 이렇게!) 이 문제는 글에 직접 제시되지 않은 내용을 추론하는 문제예요. 이런 문제를 풀 때에는 글에 제시된 내용을 근거로 하여, 문제에 제시된 내용 중 무엇이 올바르고 그른지를 제대로 추측해야 해요.

03 마리아 라이헤는 말뚝을 이용해서 나스카 라인을 그렸다고 추측했고, 실제로 말뚝을 박았던 흔적과 중심점 자국이 발견되기도 했어요.

04 나스카 라인은 페루 나스카 지역의 평평한 땅 위에 그려진 큰 그림과 선으로, 나스카 라인을 그린 이유를 밝히기 위해 많은 과학자들이 첨단 기술까지 동원하였지만 아직도 분명히 밝혀진 것이 없어요. 이런 점 때문에 나스카 라인은 여전히 미스터리로 남아 있어요.

◀ 어휘를 익혀요 ▶

본문 59쪽

01 **1** ㄴ **2** ㄱ **3** ㄷ   **02** **1** 거대 **2** 추측 **3** 동원   **03** **1** 첨단 **2** 존재

14 선비들이 늘 곁에 둔 친구, 문방사우

코칭 Tip 이 글은 붓으로 글을 쓰기 위해 반드시 필요한 물건들인 문방사우에 대해 설명하는 글입니다. 문방사우에 해당하는 물건들의 종류와 각 물건들의 특징들을 살펴보며 내용을 이해할 수 있도록 합니다.

❶ "불을 끄고 나는 떡을 썰 테니, 석봉이 너는 글을 쓰거라."

불을 끄고 어머니가 떡을 썰 동안 한석봉은 무엇으로 글을 썼을까? 한석봉이 살던 조선 시대에는 연필이나 펜이 없었기 때문에 지금처럼 글을 쓸 수는 없었다. 그래서 한석봉은 당시의 필기도구인 붓으로 글을 썼다. 그런데 붓으로 글을 쓰기 위해서는 반드시 필요한 물건들이 있다. 우리 조상들은 이를 두고 '문방사우'라고 하였다. 문방사우는 '학문을 하는 선비의 방에 친구처럼 가까이 두어야 할 네 가지 물건'이라는 의미로, 먹과 벼루, 붓과 종이를 이르는 말이다. 그리고 붓을 이용해 글씨를 쓰는 예술을 일컬어 '서예'라고 한다.
_{중심 소재 / 문방사우의 의미 / 문방사우의 종류 / 서예의 의미}
▶ 문방사우의 의미와 종류

❷ 먹은 소나무의 송진이나 식물의 기름을 태운 것을 아교와 섞어 만든 것이다. 아교는 동물의 가죽이나 뼈로 만든 전통적인 접착제이다. 먹은 딱딱하기 때문에 그대로 쓸 수는 없고, 물을 섞어 먹물로 만든 뒤 사용한다. 이렇게 만들어진 먹물은 펜의 잉크나 수채화 물감과 비슷해서, 물을 얼마나 섞느냐에 따라 진하거나 연하게 표현할 수 있다.
_{: 문방사우의 종류 / 먹의 의미 / 아교의 의미 / 먹의 특징 ①: 먹물로 만들어 사용함 / 먹의 특징 ②: 물로 농도를 조절할 수 있음}
▶ 문방사우의 종류 ①: 먹

❸ 벼루는 먹을 갈기 위해 쓰는 물건이다. 벼루에 물을 담은 뒤 먹을 벼루 바닥에 맷돌 갈듯이 문지르며 돌리면, 먹이 갈려 나가면서 물에 녹아 먹물이 된다. 벼루에는 먹물을 모으는 오목한 곳인 묵지가 있는데, 이곳에 물을 넣어 두어 10일 이상 되어도 마르지 않는 것을 좋은 벼루로 여긴다. 벼루는 보통 돌로 만들지만, 보석이나 도자기로 만들기도 한다. 또한 용, 대나무, 연꽃 모양을 조각해서 화려한 무늬의 벼루를 만들기도 한다.
_{벼루의 의미 / 벼루를 사용하는 방법 / 묵지의 의미 / 좋은 벼루의 조건 / 벼루의 재료 / 벼루에 조각한 무늬}
▶ 문방사우의 종류 ②: 벼루

❹ 붓은 동물의 털을 모아 대나무 관이나 나무에 고정한 것으로, 먹물을 묻혀 글씨를 쓰는 데 사용하는 도구이다. 서예를 할 때 쓰는 붓은 우리나라와 중국 등 동양에서 오래전부터 만든 것으로, 미술 시간에 쓰는 수채화용 붓이나 페인트칠을 할 때 쓰는 붓과는 다르다. 털이 뻣뻣하고 뾰족하며, 털의 양이 많고 가지런할수록 좋은 붓으로 여긴다. 옛날 사람들은 산토끼나 족제비의 털로 만든 붓을 좋아했다.
_{붓의 의미 / 좋은 붓의 조건}
▶ 문방사우의 종류 ③: 붓

❺ 종이는 글을 쓰는 데 쓰는 얇은 물건이다. 대나무의 섬유, 풀, 낡은 헝겊 부스러기 같은 것들을 재료로 삼아 만들었다. 옛날에는 종이를 만들기 위해 매우 복잡한 과정을 거쳤고, 그런 이유로 종이는 당시에 매우 소중하게 다루어졌다. 오늘날까지 서예에 많이 쓰는 종이로는 화선지가 있다. 화선지는 한쪽은 매끄럽고 다른 쪽은 조금 까칠한데, 글씨는 매끄러운 면에 쓴다. 화선지는 먹물을 잘 흡수하고, 먹물의 색이 잘 나타날수록 좋은 것으로 여긴다. 그래서 습기가 많은 곳에 화선지를 보관하지 않도록 조심해야 한다.
_{종이의 의미 / 종이의 재료 / 화선지의 특징 / 좋은 화선지의 조건 / 화선지 관리의 유의점}
▶ 문방사우의 종류 ④: 종이

글 내용 한눈에 보기 •••

본문 61쪽

1 물 **2** 먹 **3** 돌 **4** 털 **5** 화선지

글을 이해해요

☑ 자기 평가

본문 62쪽

01 (내용 이해)
  1 매끄러운 면   **2** 물감   **3** 뻣뻣하고, 많고

  ◯ ✕

02 (내용 이해)
  ①

  ◯ ✕

03 (내용 추론)
  ⑤

  ◯ ✕

04 (중심 내용 쓰기)
  붓으로 글을 쓰기 위해서 반드시 필요한 물건들인 문방사우는 <u>먹과 벼루, 붓과 종이</u>를 이르는 말이다.

  ◯ ✕

01 **1** 5문단에서 화선지는 한쪽은 매끄럽고 다른 쪽은 조금 까칠한데, 글씨는 매끄러운 면에 쓴다고 했어요.
2 2문단에서 먹물은 펜의 잉크나 수채화 물감과 비슷하다고 했어요.
3 4문단에서 붓은 털이 뻣뻣하고 뾰족하며, 털의 양이 많고 가지런할수록 좋은 붓으로 여긴다고 했어요.

02 서예는 붓으로 그림을 그리는 예술이 아니라, 붓으로 글씨를 쓰는 예술을 말해요.

03 4문단에서는 서예를 할 때 쓰는 붓이 미술 시간에 쓰는 수채화용 붓이나 페인트칠을 할 때 쓰는 붓과는 다르다고 했어요.

(오답 풀이)

① 2문단에서 먹은 딱딱하기 때문에 그대로 쓸 수는 없고, 물을 섞어 먹물로 만든 뒤 사용한다고 했어요. 이 먹과 물을 섞을 수 있는 도구가 바로 벼루예요.
② 3문단에서 벼루는 보통 돌로 만들지만, 보석이나 도자기로 만들기도 한다고 했어요.
③ 5문단에서 오늘날까지 서예에 많이 쓰는 종이로는 화선지가 있다고 했어요.
④ 5문단에서는 습기가 많은 곳에 화선지를 보관하지 않도록 조심해야 한다고 했어요.

04 이 글은 붓으로 글을 쓰기 위해 반드시 필요한 문방사우에 대해 설명하고 있어요. 문방사우는 '학문을 하는 선비의 방에 친구처럼 가까이 두어야 할 네 가지 물건'이라는 의미로, 먹과 벼루, 붓과 종이를 말해요.

어휘를 익혀요

본문 63쪽

01 **1** ㄷ   **2** ㄴ   **3** ㄱ
02 **1** 흡수   **2** 보관   **3** 고정
03 **1** 재료   **2** 무늬

15 영웅일까, 도둑일까?

코칭 Tip 이 글은 우리나라 고전 소설 「홍길동전」의 주인공인 홍길동의 이야기를 담고 있습니다. 홍길동이 누구인지, 홍길동이 백성들을 위해 어떤 일을 했는지 등을 살펴보며 과연 홍길동은 영웅일지 도둑일지 자유롭게 판단해 볼 수 있도록 합니다.

❶ 안녕? 난 홍길동이라고 해. 내 이름이 들어간 유명한 소설 「홍길동전」을 읽어 봤거나 들어 본 사람이 있을 거야.
중심인물
내가 바로 그 소설의 주인공이야. 난 내 소망을 이루고 싶었을 뿐인데 어쩌다 보니 그만 유명해졌어. 어떤 사람들은 날
홍길동에 대한 상반된 평가
영웅이라고 부르고, 또 어떤 사람들은 날 도둑의 우두머리라고 부르지. 지금부터 내 이야기를 들려줄 테니 내가 어떤
사람일지 너희들 스스로 생각해 봐. ▶ 홍길동에 대한 저마다 다른 평가

❷ 내가 살던 조선은 신분 제도가 엄격하게 지켜지던 나라였어. 태어날 때부터 신분이 정해져 있고, 양반이 아니면 사
홍길동이 살던 조선 시대의 특징 ①
회적으로 높은 지위에 오를 기회조차 주어지질 않았지. 힘 있는 양반이 백성을 괴롭히고 재산을 빼앗기도 했지만, 힘없
고 신분이 낮은 백성은 그저 말없이 참아야만 했어. 또한 조선은 남자만 벼슬을 할 수 있고, 한 남자가 여러 여자를 데
리고 살 수도 있는 남성 중심의 사회였어. 여자는 정식으로 교육을 받거나, 사회에 나아갈 수 없었어.
홍길동이 살던 조선 시대의 특징 ② ▶ 신분 제도가 엄격하고, 남성 중심의 사회였던 조선 시대
❸ 내 아버지는 나라에서 높은 자리에 있던 양반이었어. 그러나 나를 낳아 준 어머니는 아버지의 정식 부인이 아닌 천
민 출신의 첩이었지. 첩이 낳은 아이는 서자라고 해서 양반이 될 수 없었어. 그래서 사람들은 내가 신분이 낮다는 이유
홍길동의 신분 서자가 받았던 차별 ①
로 무시하고 천하게 여겼어. 심지어 나는 아버지를 아버지라고 부르지도 못하고 '대감님'이라고 불러야 했어. 나는 공부
도 잘하고 무술 실력도 뛰어났지만, 양반이 아니기 때문에 과거 시험을 볼 수조차 없었지. 내가 선택한 것도 아닌데, 태
서자가 받았던 차별 ②
어날 때부터 정해진 신분 때문에 차별을 받아야 한다니 억울해서 참을 수가 없었어.
▶ 서자로 태어났다는 이유로 뛰어난 실력에도 차별을 받아야 했던 홍길동
❹ 나는 잘못된 세상을 바로잡고 차별 없는 세상을 만들고 싶었어. 그래서 집을 나와서 도둑 떼를 모아 「활빈당'이란
홍길동의 소망 「」: 잘못된 세상을 바로잡기 위해 홍길동이 한 일
조직을 만들었어. 활빈당은 백성을 괴롭히고 백성의 재물을 빼앗는 탐관오리를 혼내 주고, 그들의 재산을 빼앗아 다시
백성에게 나누어 주는 일을 했어.」백성들은 그때부터 나를 영웅이라 불렀어. 하지만 양반들은 나를 도둑이라 부르며 나
홍길동에 대한 백성들의 평가 홍길동에 대한 양반들의 평가
를 잡으려고 안간힘을 썼지. 이후 나는 조선을 떠나서 차별 없는 세상인 '율도국'을 만들고 그곳에서 살았어. 어때? 내
차별 없는 세상을 만들기 위해 홍길동이 한 일
이야기를 듣고 나에 대해 어떻게 생각하게 됐니? 나는 영웅일까, 도둑일까?
▶ 백성에게는 영웅, 양반에게는 도둑이었던 홍길동

❯❯ 글 내용 한눈에 보기 •••

본문 65쪽

❶ 신분 **❷** 남성 **❸** 양반 **❹** 활빈당 **❺** 율도국

◀ 글을 이해해요 ▶

✔ 자기 평가

본문 66쪽

01 (내용 이해)
③
○ ✕

02 (내용 추론)
③
○ ✕

03 (내용 추론)
①
○ ✕

04 (중심 내용 쓰기)
홍길동은 잘못된 세상을 바로잡기 위해 탐관오리의 재산을 빼앗아 다시 백성에게 나누어 주었는데, 이 때문에 <u>백성들에게는 영웅, 양반들에게는 도둑</u>이라는 서로 다른 평가를 받게 되었다.
○ ✕

01 홍길동이 살던 조선 시대의 특징은 2문단과 3문단에 나타나 있어요. 조선 시대에는 여자가 정식으로 교육을 받거나, 사회에 나아갈 수 없었어요.

(오답풀이)
① 2문단에서는 조선이 신분 제도가 엄격하게 지켜지던 나라였는데, 태어날 때부터 신분이 정해져 있었다고 했어요.
② 2문단에서는 조선이 한 남자가 여러 여자를 데리고 살 수 있는 남성 중심의 사회였다고 했어요.
④ 3문단에서는 홍길동이 공부도 잘하고 무술 실력도 뛰어났지만, 양반이 아니기 때문에 과거 시험을 볼 수조차 없었다고 했어요.
⑤ 4문단에서는 홍길동이 활빈당이라는 조직을 만든 이유가 제시되어 있어요. 활빈당은 백성을 괴롭히고 백성의 재물을 빼앗는 탐관오리를 혼내 주었지요. 즉 당시에 탐관오리가 힘없는 백성을 괴롭히고 백성의 재산을 빼앗기도 했음을 알 수 있어요.

02 3문단의 '나는 공부도 잘하고 무술 실력도 뛰어났지만'을 통해 홍길동이 공부뿐만 아니라 무술도 열심히 익혔다는 것을 짐작할 수 있어요.

03 홍길동은 재능은 있었지만, 서자라는 신분 때문에 차별을 받고 자신의 꿈을 펼칠 수 없었어요. 그러므로 홍길동은 자신의 꿈을 펼치기 위해 신분 차별이 없는 세상을 바랐을 거예요.

04 잘못된 세상을 바로잡고 차별 없는 세상을 만들기 위해 백성들을 도와주었던 홍길동의 활동을 두고 양반과 백성은 서로 다른 평가를 내렸어요. 홍길동은 백성들에게는 영웅으로 불릴 만했지만, 홍길동에게 자신들의 재산을 빼앗긴 양반들의 입장에서는 도둑에 지나지 않았어요.

◀ 어휘를 익혀요 ▶

본문 67쪽

01 **❶** ㄱ **❷** ㄷ **❸** ㄴ   **02** **❶** 안간힘 **❷** 차별 **❸** 탐관오리   **03** **❶** 소망 **❷** 기회

16 우리 생활 속에 숨어 있는 보색의 신비

코칭Tip 이 글은 보색의 개념을 설명하는 글입니다. 색상환에서 보색을 찾는 방법, 우리의 실생활에서 많이 활용되고 있는 보색 대비와 보색 잔상 현상이 무엇인지를 다양한 예와 관련하여 이해할 수 있도록 합니다.

❶ 왼쪽에 있는 빨간색 붕어를 한참 바라보자. 이제 눈길을 돌려 흰색의 어항을 보면 청록색의 붕어가 잠시 나타날 것이다. 이런 현상은 왜 일어나는 것일까? 이 현상을 이해하기 위해서는 먼저 '보색'이 무엇인지를 알아야 한다.
중심 소재

▶ 빨간색 붕어가 청록색으로 보이는 현상을 이해하기 위해 알아야 할 보색

❷ '보색'이란 다른 색상의 두 빛깔이 섞여 하양이나 검정이 될 때, 이 두 빛깔을 서로 이르는 말이다. 오른쪽의 색상환에서 서로 마주 보는 색으로, 주황과 파랑, 노랑
보색의 의미 ①   보색의 의미 ②
과 남색이 대표적인 보색 관계라고 할 수 있다. 보색은 서로 반대되는 색이므로, 보색 관계에 있는 두 색상은 그 차이가 강하게 느껴진다. 그래서 보색 관계를 이루는
보색의 특징   보색의 의미
색들을 함께 배치하면 선명한 인상을 주게 되는데, 이를 '보색 대비'라고 한다.

▶ 보색 및 보색 대비의 의미와 특징

❸ 우리는 일상생활에서 이 보색 대비를 흔하게 만날 수 있다. 청록색 양상추로 가득한 그릇의 한 가운데 초록색 방울토마토가 놓인 것보다, 빨간색 방울토마토가 있을 때 더 눈에 잘 띈다. 이렇듯 보색을 쓰면 강렬하고 선명한 인상을 주기 때문에 멀리서도 잘 보이고 기억에도 오래 남
보색 대비를 활용하는 이유
는다. 어두운색인 도로 한 가운데를 노란색 선으로 구분해 놓은 것도, 구명 튜브와 구명조끼를 주황색으로 만들어 푸른
보색 대비를 활용한 예 ①   보색 대비를 활용한 예 ②
바다에서도 잘 보이도록 한 것도 모두 보색 대비를 활용한 것이다.

▶ 보색 대비를 활용하는 이유와 그 예

❹ 그렇다면 앞에서 빨간색 붕어를 오랫동안 바라보다가 흰색의 어항으로 눈을 돌렸을 때 청록색의 붕어가 잠시 나타났던 이유는 무엇일까? 이 현상은 빨간색으로 피로해진 시각 세포가 균형을 이루기 위해 스스로 일으킨 것이다. 어떤
1문단의 현상이 일어난 이유
색을 오래 보면 머릿속은 저절로 그 보색을 함께 떠올리는데, 이것은 감각이 한쪽으로 치우치는 것을 막으려는 우리 몸의 자연스러운 작용이다. 짠 음식을 먹으면 몸 안의 염분을 알맞게 조절하기 위해 자연스레 물이 먹고 싶어지는 것처럼 말이다. 이처럼 어떤 빛깔을 보다가 다른 곳이나 흰 종이로 눈을 돌리게 될 때, 그 보색이 나타나는 현상을 '보색 잔상'
보색 잔상의 의미
이라고 한다.

▶ 보색 잔상의 의미

❺ 보색 잔상 역시 우리의 일상생활에서 응용된 예가 있다. 바로 병원의 수술실이다. 의사는 평소에 흰색 가운을 입지만, 수술을 할 때는 청록색의 수술복을 입는다. 왜 그럴까? 의사는 수술 도중에 환자들의 붉은 피를 계속 보게 된다. 이
보색 잔상이 응용된 예
때 만약 수술복이 흰색이라면, 보색 잔상 때문에 빨간색의 보색인 청록색이 잔상으로 남아 시야에 혼란을 줄 수 있다. 이럴 경우 자칫하면 큰 위험으로 번질 수도 있기 때문에 청록색의 수술복을 입음으로써 그러한 보색 잔상 현상을 방지하는 것이다.

▶ 보색 잔상이 응용된 예

⪢ 글 내용 한눈에 보기 •••

본문 69쪽

1 검정 **2** 색상환 **3** 선명 **4** 보색

◀ 글을 이해해요 ▶

☑ 자기 평가

본문 70쪽

01 (내용 이해)

1 강렬한 **2** 청록색 **3** 보색 잔상

◯ ✕

02 (내용 이해)

④

◯ ✕

03 (내용 추론)

①

◯ ✕

04 (중심 내용 쓰기)

보색은 다른 색상의 두 빛깔이 섞여 하양이나 검정이 될 때, 이 두 빛깔을 서로 이르는(색상환에서 서로 마주 보는 색을 이르는) 말로, 보색 대비와 보색 잔상과 같은 현상들이 우리의 일상에서 활용되고 있다.

◯ ✕

01 **1** 3문단에서는 일상생활에서 보색 대비를 활용하는 이유에 대해 설명하고 있는데, 보색을 쓰면 강렬하고 선명한 인상을 주기 때문에 멀리서도 잘 보이고 기억에도 오래 남는다고 했어요.

2 5문단에서는 수술할 때 의사들이 붉은색의 피를 계속 봄으로써 발생하는 보색 잔상 때문에, 빨간색의 보색인 청록색의 수술복을 입어서 시야가 혼란해지는 것을 방지한다고 했어요.

3 4문단에서는 어떤 빛깔을 보다가 다른 곳이나 흰 종이로 눈을 돌리게 될 때, 그 보색이 나타나는 현상을 '보색 잔상'이라고 했어요.

02 3문단에서는 보색 대비에 대해 설명하고 있어요. 보색 대비는 보색 관계를 이루는 색들을 함께 배치하여 선명한 인상을 주는 것으로, 어두운색인 도로 한 가운데를 노란색 선으로 구분해 놓은 것을 그 예로 들고 있어요.

03 2문단에서는 색상환에서 서로 마주 보는 색이 보색이라고 했어요. 그러므로 연두의 보색은 연두의 맞은편에 있는 보라예요.

(오답풀이)

② 주황은 파랑과 보색이에요.
③ 노랑은 남색과 보색이에요.
④ 초록은 자주와 보색이에요.
⑤ 청록은 빨강과 보색이에요.

04 이 글은 보색의 의미를 바탕으로, 우리의 일상에서 보색이 어떻게 활용되고 있는지를 설명하고 있어요. 보색과 관련한 특성인 보색 대비와 보색 잔상에 대해 설명하고, 이러한 현상을 일상에서 응용하고 있는 예들을 제시함으로써 독자의 이해를 돕고 있어요.

◀ 어휘를 익혀요 ▶

본문 71쪽

01 **1** ㄷ **2** ㄱ **3** ㄴ   **02** **1** 염분 **2** 작용 **3** 방지   **03** **1** 시야 **2** 응용

『 』: 우리의 생활 곳곳에서 쓰이고 있는 고무의 예

① 『자동차의 바퀴가 고무로 만든 타이어이듯, 자전거나 수레 등의 바퀴도 모두 고무로 되어 있다. 우리는 손을 보호하 기 위해 고무장갑을 끼고, 비가 올 때는 고무로 된 장화를 신는다. 또한 흘러내리는 머리카락은 고무줄로 묶고, 연필이 나 샤프로 글씨를 잘못 쓰면 지우개로 지운다.』 이렇게 보니 고무는 현대인에게 없어서는 안 될 물건이다. 하지만 이렇 게 유용한 고무가 언제, 어떻게 발견되었는지 아는 사람은 드물다.
▶ 현대인에게 없어서는 안 될 물건인 고무

② 파라고무나무 껍질을 비스듬하게 깎으면 나무껍질 틈에서 수액이 흘러나온다. 이 수액이 천연고무이다. 『아메리카 대륙의 남부에 있는 아이티라는 섬의 사람들은 이 수액으로 공을 만들어서 놀았다. 15세기 후반에 이곳에 오게 된 콜럼 버스는 이 모습이 신기해서 천연고무를 유럽에 가지고 갔다. 그렇게 시간이 흘러 18세기의 한 과학자가 천연고무로 연 필 자국을 지울 수 있다는 사실을 발견했다. 그 후로 천연고무는 지우개로 사용되었다.』 하지만 천연고무는 여름에는 끈 적끈적해지고 겨울에는 딱딱해져 사용하기 불편했다. 고무로 장화나 옷도 만들었지만, 천연고무를 사용했기 때문에 여 전히 불편한 점이 많았다.
▶ 파라고무나무의 수액에서 얻을 수 있는 천연고무

③ 미국의 발명가인 '찰스 굿이어'는 어릴 때부터 고무에 관심이 많았다. 고무로 만든 코트와 바지를 입고 다닐 정도 였다. 사람들은 그런 굿이어를 이상하게 생각하며 흉보았지만, 굿이어는 천연고무를 더 좋게 만들려고 끊임없이 노력 했다. 그는 실험을 계속하다가 1839년 어느 날, 천연고무에 유황 가루를 섞어 열을 가하면 더 좋은 고무가 된다는 것을 알아냈다. 고무는 원래 전기가 통하지 않고 물도 흡수하지 않는다. 게다가 천연고무에 유황 가루를 섞어 만든 가황 고 무는 변형이 되어도 원래의 모양으로 돌아가려는 탄성이 커서 다양한 물건으로 만들기에 적절했다. 굿이어의 발명 이 후로 가황 고무는 타이어, 호스 등 다양한 물건을 만드는 데에 쓰이기 시작했다.
▶ 천연고무에 유황을 섞은 후 가열하여 만드는 가황 고무

④ 고무의 쓰임새는 점점 늘어났지만, 문제가 있었다. 파라고무나무는 온도와 습도가 높은 특정한 지역에서밖에 자라 지 않는 나무라서 천연고무의 가격이 매우 비쌌다. 그러다 보니 고무를 인공적으로 만드는 방법이 연구되었고, 마침내 석유를 이용한 합성 고무가 발명되었다. 이후 고무를 이용한 공업과 고무에 관한 화학적 연구가 진행되어 합성 고무의 한 종류인 네오프렌이 개발되기에 이르렀다. 열에 강하고 잘 녹지 않는 네오프렌은 가볍고 잘 썩지 않으며 접착 성질도 있어서 잠수용 옷, 전선, 호스, 접착제에 두루 쓰이고 있다.
▶ 합성 고무의 발명 및 합성 고무의 한 종류인 네오프렌의 개발

이게 다 고무로 만든 물건들이야.

❤️ 글 내용 한눈에 보기 •••

본문 73쪽

1 수액   **2** 콜럼버스   **3** 유황   **4** 석유   **5** 네오프렌

◀ 글을 이해해요 ▶

☑ 자기 평가

본문 74쪽

01 (내용 이해)

1 천연고무   **2** 천연고무

◯ ✕

02 (내용 이해)

②

◯ ✕

03 (내용 이해)

②

◯ ✕

04 (내용 추론)

①

◯ ✕

05 (중심 내용 쓰기)

아이티에서 유럽으로 천연고무가 전파된 이후, 고무는 <u>가황 고무에서 합성 고무</u>로 발전해 왔다.

◯ ✕

01 **1** 2문단에서는 여름에는 끈적끈적해지고 겨울에는 딱딱해져 사용하기 불편한 천연고무의 단점에 대해 설명하고 있어요.
2 4문단에서는 파라고무나무가 특정 지역에서밖에 자라지 않아 천연고무의 가격이 매우 비쌌고, 이에 고무를 인공적으로 만드는 방법을 연구하여 합성 고무가 발명되었다고 했어요.

02 3문단에서 고무는 전기가 통하지 않고 물도 흡수하지 않는다고 했어요.

(오답 풀이)
① 3문단에서 고무는 전기가 통하지 않는다고 했어요.
③ 고무 중 가장 먼저 사용된 것은 천연고무예요.
④ 합성 고무는 고무나무 없이 석유를 이용하여 만든 것이에요.
⑤ 콜럼버스가 고무에 대해 알기 전, 아메리카 대륙의 남부에 있는 아이티라는 섬의 사람들은 이 고무나무의 수액으로 공을 만들어서 놀았어요.

(이럴 땐 이렇게!) 발문에서 '알맞은' 것을 고르는 문제인지 '알맞지 않은' 것을 고르는 문제인지 꼭 확인하고 풀어야 해요. 선지를 읽으면서 맞는 내용에는 ○, 틀린 내용에는 ×, 잘 모르겠으면 △ 표시를 해 두세요. 실수를 줄일 수 있어요.

03 가황 고무는 천연고무를 더 좋게 만든 것이에요. 합성 고무는 석유의 성분을 합성하여 만든 것으로, 천연고무는 전혀 들어가지 않아요.

04 고무로 만들었다는 것은 물건의 주된 재료가 고무라는 의미예요. 책을 만드는 주된 재료는 고무가 아니라 종이예요.

05 15세기 후반 콜럼버스가 아이티에서 유럽으로 천연고무를 가져가 전파한 이후, 고무는 가황 고무에서 합성 고무로 발전해 오며 우리의 생활에 없어서는 안 될 중요한 물건이 되었어요.

◀ 어휘를 익혀요 ▶

본문 75쪽

01 **1** ㄴ   **2** ㄷ   **3** ㄱ   **02** **1** 신기   **2** 홍보   **3** 개발   **03** **1** 습도   **2** 변형

18 사람이 만든 비

코칭 Tip 이 글은 인공적으로 비를 만들어 내리게 하는 방법을 설명하는 글입니다. 인공 강우 실험을 왜 하는 것인지, 인공 강우로 미세 먼지를 줄일 수 있을지 등을 살펴보며 내용을 이해할 수 있도록 합니다.

❶ 미세 먼지 때문에 희뿌연 하늘을 보면 마음마저 답답해진다. 그럴 때 시원하게 비가 내려 미세 먼지가 씻기고 하늘이 맑아지면 비가 고마워질 정도다. 하지만 비가 내리는 것은 자연 현상으로, 우리가 원한다고 해서 내리는 것이 아니다. 그런데도 사람의 힘으로 비를 내리게 할 수 있다면 어떨까? 미세 먼지가 심한 날에 비를 내리게 할 수 있다면 점점 심해지는 미세 먼지 문제를 해결할 수 있지 않을까? 실제로 이와 관련한 실험이 이루어지고 있다고 하니 살펴보기로 하자.
▶ 미세 먼지를 없애기 위해 사람의 힘으로 비를 내리게 하기 위한 실험

❷ 인공 강우는 말 그대로 사람의 힘으로 비를 내리게 만드는 것이다. 그러나 구름 한 점 없이 맑은 날에 갑자기 비를
중심 소재   인공 강우의 개념
만들 수는 없으므로, 이미 있는 비구름을 이용해야 한다. 그래서 로켓이나 비행기를 이용해 비구름에 구름 씨를 뿌려
                                                                    인공 강우를 만드는 방법
비가 내리게 만든다. 여기서 구름 씨란 인공 강우를 만들기 위해 구름에 뿌리는 화학 물질을 의미한다. 『뿌려진 구름 씨
                                        구름 씨의 개념
알갱이를 중심으로 구름 속의 작은 물방울이 모여들면 알갱이가 점점 더 커지고, 이 알갱이의 무게가 무거워지면 비나
『 』: 구름 씨를 이용해 인공 강우를 만드는 원리
눈이 되어 떨어지는 것이다.』
▶ 인공 강우의 개념 및 인공 강우를 만드는 방법과 원리

❸ 그렇다면 인공 강우는 누가, 언제부터 연구하기 시작했을까? 미국에서 물 부족 문제를 해결하고 우박 피해를 줄이
                                                                인공 강우 실험을 시작한 이유
기 위해 시작된 인공 강우 실험은 1946년에 최초로 성공하였다. 그 후 중국이 10여 년 전부터 인공 강우를 이용하여 미세 먼지를 줄이는 실험을 하였다. 하지만 인공 강우가 미세 먼지 해결에 효과가 있다는 사실은 아직 밝혀지지 않았다. 미세 먼지는 주로 맑고 화창한 날에 생기는데, 인공 강우는 흐린 날에 비구름이 있어야만 가능하기 때문이다. 중국 외
        인공 강우가 미세 먼지 해결에 효과가 있다고 보기 어려운 이유
의 다른 나라에서도 미세 먼지를 없애기 위한 인공 강우 실험을 계속하고 있지만 이런 이유로 성공적인 결과를 얻지 못하고 있다.
▶ 미국과 중국 등 인공 강우 실험을 하고 있는 나라

❹ 우리나라에서도 인공 강우 실험을 하였다. 2017년 경기도와 기상청이 인공 강우를 이용하여 미세 먼지를 없애는
                                                        우리나라에서 있었던 인공 강우 실험의 결과
실험을 했지만 실패하였다. 『미세 먼지를 줄이려면 최소한 한 시간에 10mm 이상의 비가 와야 하는데, 인공 강우로 그
                『 』: 우리나라에서 있었던 인공 강우 실험이 실패한 이유와 과정
정도의 비를 내리게 할 수는 없었기 때문이다. 아홉 번의 실험 중에 네 번은 평균 0.88mm의 비가 내렸고, 다섯 번은 전혀 비가 내리지 않았다.』 아직까지는 기술력의 부족과 날씨 조건의 한계로, 인공 강우를 이용하여 미세 먼지 문제를 해결하기는 어렵다. 하지만 인공 강우는 가뭄 해소, 무더위나 산불 예방 등 많은 부분에 도움이 될 수 있으므로 과학자들
                                    인공 강우가 도움이 되는 부분
은 인공 강우에 대해 끊임없이 연구하고 있다.
▶ 우리나라에서 있었던 인공 강우 실험의 과정과 그 결과

❯❯ 글 내용 한눈에 보기 •••

본문 77쪽

❶ 사람 **❷** 물 **❸** 우박 **❹** 미세 먼지

◀ 글을 이해해요 ▶

☑ 자기 평가

본문 78쪽

01 (내용 이해)
③

◯ ✕

02 (내용 추론)
④

◯ ✕

03 (내용 이해)
⑤

◯ ✕

04 (중심 내용 쓰기)
　인공 강우로 미세 먼지 문제를 해결하기는 어렵지만,
가뭄 해소, 무더위나 산불 예방 등 많은 부분에 도움이
될 수 있으므로 과학자들은 인공 강우에 대해 끊임없이
연구하고 있다.

◯ ✕

01 '인공'은 사람의 힘으로 어떤 일이 일어나게 만든다는 의미예요. 사람의 힘이 들어가니까 자연의 힘만으로 비를 내리게 한다는 설명은 적절하지 않아요.

(오답풀이)

① 4문단에는 우리나라에서 있었던 인공 강우 실험의 과정과 그 결과가 제시되어 있어요. 미세 먼지 문제를 해결하기는 어렵지만, 인공 강우는 가뭄 해소, 무더위나 산불 예방 등 많은 부분에 도움이 될 수 있으므로 과학자들은 인공 강우에 대해 끊임없이 연구하고 있다고 했어요.

②, ④ 3문단에서는 물 부족 문제를 해결하고 우박 피해를 줄이기 위해 미국에서 시작된 인공 강우 실험이 1946년 최초로 성공했다고 했어요.

⑤ 3문단에서는 미국과 중국에서 있었던 인공 강우 실험을 이야기하며, 중국 외의 다른 나라에서도 미세 먼지를 없애기 위한 인공 강우 실험을 계속하고 있다고 했어요.

02 3문단에서 미세 먼지는 주로 맑고 화창한 날에 생긴다고 했어요. 그런데 인공 강우는 흐린 날에 비구름이 있어야만 가능하기 때문에, 인공 강우로 미세 먼지를 없애는 데 실패한 것이에요.

03 우리나라에서 한 인공 강우 실험의 내용은 4문단에 나와 있어요. 인공 강우 실험에서 비가 내린 적이 있긴 하지만, 그때 내린 비의 양은 평균 0.88mm였어요. 그런데 미세 먼지를 줄이려면 최소한 한 시간에 10mm 이상의 비가 와야 한다고 해요. 따라서 아직은 사람이 만든 비의 양이 미세 먼지를 없애기에는 부족한 상황이에요.

04 아직까지는 기술력의 부족과 날씨 조건의 한계로, 인공 강우를 이용해 미세 먼지 문제를 해결하기는 어려워요. 하지만 인공 강우는 가뭄 해소나 무더위, 산불 예방 등 많은 부분에 도움이 되므로 과학자들은 인공 강우에 대해 끊임없이 연구하고 있어요.

◀ 어휘를 익혀요 ▶

본문 79쪽

01 **❶** ㄱ **❷** ㄷ **❸** ㄴ   **02** **❶** 강우 **❷** 성공 **❸** 가능   **03** **❶** 해소 **❷** 조건

19 피보나치수열 이야기

> **코칭 Tip** 이 글은 수학자인 피보나치가 발견한 수열에 대해 설명하는 글입니다. 꽃잎의 개수나 잎차례 분수 등 자연에서 발견할 수 있는 피보나치수열을 살펴보며 내용을 이해할 수 있도록 합니다.

① 1, 1, 2, 3, 5, 8, 13, 21, 34, 55, …… 혹시 이런 숫자들이 늘어선 것을 본 적이 있는가? 여기에는 어떤 비밀이 숨어 있을까? 바로 앞의 두 수를 더하면 뒤의 수가 된다는 것이다. 이렇게 어떤 규칙에 따라 숫자들이 차례로 줄을 서 있는 <u>피보나치수열의 규칙</u> 것을 '수열'이라고 한다. 앞에서 말한 숫자의 규칙은 <u>중세 이탈리아의 수학자 '피보나치'</u>가 발견했으므로, 그의 이름을 <u>피보나치수열을 발견한 사람</u> 따서 '<u>피보나치수열</u>'이라고 부른다. <u>중심 소재</u>

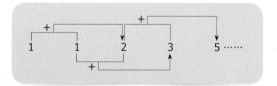

▶ 앞의 두 수를 더하면 뒤의 수가 되는 피보나치수열

②

▲ 앵초

▲ 무궁화

▲ 코스모스

그런데 이 피보나치수열을 수학에서만 찾을 수 있는 것은 아니다. 위의 사진에서 앵초의 꽃잎은 5개이다. 꽃잎이 5 <u>피보나치수열에 있는 수 ①</u> 개인 꽃에는 또 무엇이 있을까? 무궁화와 배꽃, 채송화 등의 꽃잎도 5개이다. 이렇게 우리의 주변에서 흔히 볼 수 있는 <u>꽃잎의 개수</u>에서 피보나치수열에 있는 수를 찾아볼 수 있다. 꽃잎이 8개인 꽃도 있다. 바로 코스모스이다. 이렇게 피보 <u>피보나치수열을 발견할 수 있는 것 [1]</u> <u>피보나치수열에 있는 수 ②</u> 나치수열에 있는 숫자만큼 꽃잎이 나는 것은 햇빛을 골고루 잘 받기 위해서이다. 모든 꽃의 꽃잎 수가 피보나치수열에 <u>피보나치수열에 있는 숫자만큼 꽃잎이 나는 이유</u> 있는 수로만 이루어져 있는 것은 아니지만, 많은 꽃에서 이 수를 발견할 수 있다는 것은 참 신기한 일이다.

▶ 꽃잎의 개수에서 발견할 수 있는 피보나치수열

③ 한편, 해바라기 씨앗은 중심을 향하여 시계 방향과 반시계 방향으로 들어가 있다. 예 <u>해바라기 씨앗의 배열 방식</u> 를 들어 시계 방향으로 21개의 선이 있다면, 반시계 방향으로는 34개의 선이 있다. 시계 방 <u>피보나치수열에 있는 수 ③</u> <u>피보나치수열에 있는 수 ④</u> 향으로 34개라면 반시계 방향으로는 55개가 있다. <u>해바라기 씨앗의 배열에서도 피보나치</u> <u>피보나치수열에 있는 수 ⑤</u> <u>피보나치수열을 발견할 수 있는 것 [2]</u> 수열의 이웃하는 두 수를 찾을 수 있다. 이런 모양은 씨앗이 작은 공간에 최대한 많이 들어 가 서로 뭉쳐 비바람을 견디기 위한 것이라고 한다. <u>해바라기 씨앗의 배열이 피보나치수열에 있는 숫자를 따르는 이유</u>

▶ 해바라기 씨앗의 배열에서 발견할 수 있는 피보나치수열

④ 잎차례에서도 피보나치수열을 찾아볼 수 있다. 잎차례는 줄기를 따라 잎이 일정한 차 <u>잎차례의 의미</u> 례나 간격에 맞춰 달리는 모양을 말한다. 『첫 번째 잎이 난 위치와 같은 위치 선상에 잎이 『 』: 잎차례를 표현하는 방법 날 때까지 줄기를 도는 횟수를 분자로, 그때까지 난 잎의 수를 분모로 표현한다.』 줄기를 2 번 도는 동안 잎이 5개 나왔다면 $\frac{2}{5}$ 잎차례라고 한다. 이때 <u>잎차례의 분자와 분모의 숫자</u> 가 피보나치수열의 수인 경우가 많다. <u>피보나치수열을 발견할 수 있는 것 [3]</u>

▶ 잎차례 분수에서 발견할 수 있는 피보나치수열

≫ 글 내용 한눈에 보기 ●●●

본문 81쪽

1 더   **2** 꽃잎   **3** 씨앗   **4** 줄기

◀ 글을 이해해요 ▶

☑ 자기 평가

본문 82쪽

01 (내용 이해)
⑤

02 (내용 이해)
④

03 (내용 추론)
ㄹ, 89

04 (중심 내용 쓰기)
　피보나치수열은 앞의 두 수를 더하면 뒤의 수가 되는 수열로, 수학에서뿐만 아니라 꽃잎의 개수, 해바라기 씨앗이 배열된 선의 개수(해바라기 씨앗의 배열), 잎차례를 표현한 분수(잎차례 분수) 등에서 발견할 수 있다.

◯ ✕
◯ ✕
◯ ✕
◯ ✕

01 3문단에서는 해바라기의 씨앗이 시계 방향으로 34개라면 반시계 방향으로는 55개가 있다고 했어요. 따라서 ⑤의 설명에서 반시계 방향으로는 21개가 아니라 55개가 있을 것이라고 해야 해요.

(오답 풀이)
① 2문단에서는 꽃잎의 개수에서 찾을 수 있는 피보나치수열에 대해 설명하고 있어요. 앵초와 무궁화의 꽃잎 5개, 코스모스의 꽃잎 8개는 모두 피보나치수열에 있는 수에 해당해요.
② 4문단에서는 잎차례에서도 피보나치수열을 찾아볼 수 있다고 하면서, 잎차례의 분자와 분모의 숫자가 피보나치수열의 수인 경우가 많다고 했어요.
③ 3문단에서는 해바라기 씨앗의 배열에서도 피보나치수열의 이웃하는 두 수를 찾을 수 있다고 했어요.
④ 2문단에서 피보나치수열에 있는 숫자만큼 꽃잎이 나는 것은 햇빛을 골고루 잘 받기 위해서라고 했어요.

02 피보나치수열은 앵초나 무궁화와 같은 꽃잎의 개수, 해바라기 씨앗이 배열된 선의 개수, 잎차례의 분수 등에서 찾을 수 있다고 했어요. 꽃이 피는 날짜는 피보나치수열과 관련이 없어요.

03 피보나치수열은 바로 앞의 두 개의 수를 더해 만드는 수열이에요. 그러므로 빈칸에 들어갈 숫자는 앞의 두 개의 수를 더하면 돼요. 즉 첫 번째 빈칸에는 8과 13을 더한 21이, 두 번째 빈칸에는 34와 55를 더한 89가 들어가야 해요.

04 이 글은 중세 이탈리아의 수학자 피보나치가 처음 발견한 피보나치수열에 대해 설명하고 있어요. 앞의 두 수를 더하면 뒤의 수가 되는 피보나치수열은 수학뿐만 아니라 우리 주변에서도 발견할 수 있어요. 특히 이 글에서는 꽃잎의 개수, 해바라기 씨앗이 배열된 선의 개수, 잎차례를 표현한 분수 등을 그 예로 들고 있어요.

◀ 어휘를 익혀요 ▶

본문 83쪽

01 **1** ㄱ   **2** ㄷ   **3** ㄴ   **02** **1** 배열   **2** 선상   **3** 이웃   **03** **1** 최대한   **2** 횟수

20 조선을 사랑한 서양인, 어니스트 베델

본문 84~85쪽

코칭 Tip 이 글은 외국인임에도 조선의 독립을 위해 힘쓴 '어니스트 베델'이라는 인물의 일생에 대해 기록한 전기문입니다. 인물이 처한 시대 상황, 인물의 말과 행동, 인물이 남긴 업적 등을 살펴보며 내용을 이해할 수 있도록 합니다.

1 1910년부터 1945년까지의 일제 강점기는 일본이 우리나라의 권리를 빼앗고 강제로 점령한 시기이다. 당시 우리
_{강점(強占)}
민족은 빼앗긴 나라의 주권을 되찾기 위해 많은 노력을 기울였으며, 수많은 독립운동가들이 나라를 지키기 위해 자신
_{일제 강점기 당시의 상황 ①} _{일제 강점기 당시의 상황 ②}
의 목숨까지 희생했다. 그런데 이러한 독립운동가들 중에는 외국인임에도 불구하고 조선의 독립을 위해 자신의 삶을
바친 인물도 있는데, 대표적인 인물이 바로 어니스트 베델(1872~1909)이다. ▶ 베델이 처한 시대 상황 및 베델에 대한 소개
_{중심인물}

2 영국에서 태어난 어니스트 베델은 15세 때 일본에 건너가 10여 년간 무역업을 하였으나, 1904년 러일 전쟁이 일어
_{어니스트 베델이 우리나라에 오게 된 이유}
나자 이를 취재하기 위해 『데일리 뉴스』라는 언론사의 특파원 자격으로 우리나라에 들어왔다. 러일 전쟁을 취재하던 중
베델은 일제가 당시 조선의 백성들을 괴롭히는 것을 보고 분개하여 일제의 침략 행위를 고발하는 기사를 썼다. 그러나
_{베델이 일제의 침략 행위를 고발하는 기사를 쓰게 된 이유}
그가 몸담고 있던 신문사는 친일 성향이었기 때문에 베델의 기사들은 신문에 제대로 실리지 못했다. 또한『일제의 감시
_{일제의 침략 행위가 세상에 알려지지 않은 이유 ①}
와 검열 때문에 당시 조선의 기자들 역시 우리나라가 처한 상황을 다른 나라에 알리는 기사를 실을 수가 없었기에,』일
_{『 』: 일제의 침략 행위가 세상에 알려지지 않은 이유 ②}
제의 침략 행위는 세상에 알려지지 않았다. 이에 베델은 기자로서 깊은 고민에 빠졌다. 특히 당시 영국은 일본과 동맹
국이었기에 일제에 유리한 기사를 써야 하는 상황이었고, 그는 이러한 현실에 더 큰 괴로움을 느꼈다.

『'아! 일본 때문에 조선인들이 고통받고 있구나. 일본이 조선을 보호하고 있다는 말은 사실이 아니야. 조선인들이 일
_{『 』: 조선인들이 고통받는 현실을 외면할 수 없었던 베델의 고민} _{일제가 조선 침략을 합리화하기 위해 내세운 주장 ①}
본을 환영한다는 것도 거짓이었어. 그런데도 사실을 감추고 거짓 기사를 쓸 수는 없지. 조선의 현실을 세상에 알릴
_{일제가 조선 침략을 합리화하기 위해 내세운 주장 ②}
수 있는 방법이 없을까?』 ▶ 베델이 일제의 침략 행위를 고발하고자 마음먹은 계기

3 결국 베델은 다니던 신문사를 나와 독립운동가이자 언론인이었던 양기탁과 함께 『대한매일신보』라는 신문을 만들
었다. 『대한매일신보』는 당시의 신문 가운데 가장 강력하게 일제의 침략 행위를 비판했다. 신문은 전국에서 벌어지는
_{일제의 침략 행위를 비판하기 위해 베델이 발행한 신문 ①}
독립운동을 자세하게 전하는 한편, 일제가 우리나라의 문화재를 몰래 훔치고 있다는 기사도 실었다. 이런 기사는 영어
로도 쓰여 『코리아 데일리 뉴스』라는 이름으로 발행되었고, 일제의 조선 침략 행위는 세계에 알려지기 시작했다.
_{일제의 침략 행위를 비판하기 위해 베델이 발행한 신문 ②} ▶ 『대한매일신보』와 『코리아 데일리 뉴스』를 통해 펼친 베델의 일제 비판 활동

4 베델이 신문을 통해 일제의 침략 행위를 낱낱이 밝히자 일본은 그의 활동을 방해하기 시작했다. 일본은 영국 정부
에 베델을 추방할 것을 요청하는 등 그를 처벌하기 위해 온갖 수단을 썼다. 베델은 여러 차례의 재판을 거치면서 구속
_{일본의 방해로 어려움을 겪었음에도 계속해서 일제를 비판하는 신문을 만듦}
되기도 했지만, 석방되면 다시 조선에 돌아와 신문을 만들었다. 그러는 동안 그의 건강은 많이 나빠졌고, 안타깝게도
서른일곱의 나이에 우리나라에서 눈을 감았다. 그는 죽으면서도 다음과 같은 말을 남겼다.

"나는 죽지만『대한매일신보』는 길이 살아 조선 동포를 구하기를 원하노라." ▶ 마지막까지도 조선을 위해 힘썼던 베델

5 많은 사람들의 슬픔과 애도 속에 그는 서울에 있는 '양화진 외국인 선교사 묘원'에 묻혔다. 그리고 1968년, 베델은
그 공로를 인정받아 대한민국 건국 훈장을 받았다. 건국 훈장은 나라를 세우는 데 뚜렷한 공을 세운 사람에게 주는 상
_{건국 훈장의 의미}
으로, 외국인이 이 훈장을 받은 것은 베델이 최초였다. 그는 국적을 넘어서 폭력에 맞선 세계인이자, '배설'이라는 한글
_{베델의 삶과 활동이 지닌 가치를 인정받음} _{'베델(Bethell)'의 실제 발음과 유사하게 지은 한글 이름임}
이름을 가질 정도로 조선을 뜨겁게 사랑했던 인물로서 우리 마음속에 영원히 남을 것이다. ▶ 우리의 마음에 영원히 남을 어니스트 베델

❯❯ 글 내용 한눈에 보기 ●●●

본문 85쪽

1 독립   **2** 일제   **3** 대한매일신보   **4** 조선   **5** 건국 훈장

◀ 글을 이해해요 ▶

☑ 자기 평가

본문 86쪽

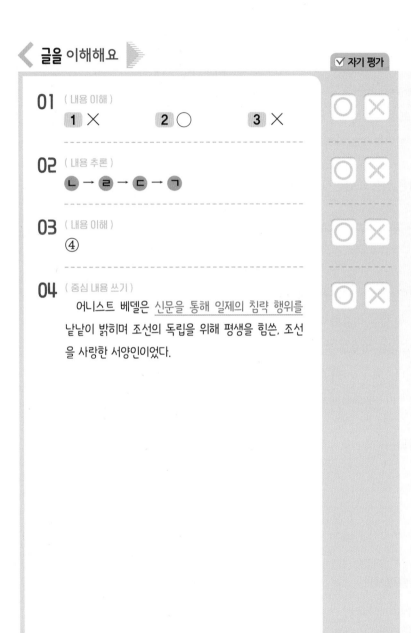

01 (내용 이해)
1 ✕   **2** ○   **3** ✕

02 (내용 추론)
ㄴ → ㄹ → ㄷ → ㄱ

03 (내용 이해)
④

04 (중심 내용 쓰기)
어니스트 베델은 <u>신문을 통해 일제의 침략 행위를</u>
낱낱이 밝히며 조선의 독립을 위해 평생을 힘쓴, 조선
을 사랑한 서양인이었다.

01 **1** 어니스트 베델은 러일 전쟁을 취재하기 위해 특파원
으로 처음 조선에 들어왔어요.
2 베델이 조선의 현실을 기사로 알리기 전까지는 일제의 감
시와 검열이 심해 당시 조선의 기자들은 나라가 처한 상황을
다른 나라에 알리는 기사를 실을 수가 없었다고 했어요.
3 2문단을 통해 베델이 러일 전쟁을 취재하기 위해 조선에
들어왔지만, 일제가 조선의 백성들을 괴롭히는 것을 보고 분
개하여 일제의 조선 침략 행위를 고발하는 기사를 쓰게 되었
음을 알 수 있어요.

02 어니스트 베델은 러일 전쟁을 취재하기 위해 『데일리 뉴
스』의 특파원으로 조선에 처음 들어왔어요(ㄴ). 그러던 중 일
제가 당시 조선의 백성들을 괴롭히는 것을 보고 분개하여 이
후 일제의 조선 침략 행위에 대해 기사를 썼어요. 베델의 활
동이 탐탁지 않던 일본은 그의 활동을 방해하기 시작했고, 급
기야 재판을 통해 구속까지 했어요(ㄹ). 건강이 많이 나빠진
베델은 서른일곱의 나이로 숨을 거두었고, 서울에 있는 '양화
진 외국인 선교사 묘원'에 묻혔어요(ㄷ). 이후 1968년, 베델은
그동안의 공로를 인정받아 대한민국 건국 훈장을 받게 되었
어요(ㄱ).

03 3문단에서 베델은 독립운동가이자 언론인이었던 양기탁
과 함께 『대한매일신보』를 만들었다고 했어요.

(이럴 땐 이렇게!) 지문의 내용과 선지를 대조할 때는 다음 사항을
확인해요. 선지의 내용이 지문의 어느 부분에 실려 있는가? 선지에서
지문의 단어를 바꾸어 표현하지는 않았는가? 지문 내용의 앞뒤 순서를
바꾸지는 않았는가?

04 이 글은 일제 강점기에 자신이 발행한 신문을 통해 일제
의 조선 침략 행위를 세계에 알리며, 죽는 날까지 조선의 독
립을 위해 자신의 삶을 바쳤던 어니스트 베델의 삶을 다루고
있어요.

◀ 어휘를 익혀요 ▶

본문 87쪽

01 **1** ㄷ   **2** ㄴ   **3** ㄱ   **02** **1** 분개   **2** 점령   **3** 비판   **03** **1** 공로   **2** 고발

실력 확인

실력
확인
88쪽

▲ 글의 문단별 내용을 정리하고 주제를 써 보아요.

01 어디서 왔을까?

본문 8~9쪽

- **1문단** 원 산 지 의 의미와 원산지 표시 제도의 소개
- **2문단** 원산지 표시 제도의 의미와 목적 및 원산지의 표 시 방법
- **3문단** 음 식 점 에서 원산지를 표시하는 방법 및 대상
- **4문단** 배 달 음식의 원산지를 표시하는 방법
- **5문단** 과 자 의 원산지 및 식품 첨가물을 표시하는 방법

✏️**주제** 원산지 표시 제 도 에 따른 식품의 원산지 표시 방법

02 백화점의 비밀

본문 12~13쪽

- **1문단** 물건을 더 사고 싶어지게 만드는 백화점 비밀에 대한 소개
- **2문단** 백화점 1층에 화 장 실 이 없는 이유와 여성 물건이 많은 이유
- **3문단** 백화점에 시계와 창 문 이 없는 이유와 음악이 흘러나오는 이유
- **4문단** 백화점에서 물건을 진열하거나 매 장 의 위치를 정할 때 고려하는 점
- **5문단** 백화점의 엘 리 베 이 터 가 구석에 있는 이유

✏️**주제** 물건을 더 사고 싶어지게 만드는 백 화 점 의 비밀

03 이런 식물도 있어

본문 16~17쪽

- **1문단** 신기한 식물들에 대한 소개
- **2문단** 매우 커다란 꽃 이 피는 라플레시아
- **3문단** 거꾸로 뒤집어 놓은 듯한 독특한 모양의 바 오 바 브 나무
- **4문단** 씨 가 작은 나무가 될 때까지 어미 나무가 기르는 맹그로브
- **5문단** 곤 충 을 잡아먹는 네펜테스

✏️**주제** 신기한 식 물 들의 특징

°4 당신의 공공 예절은?

본문 20~21쪽

실력
확인
89쪽

1문단 공공장소에서 예절을 지키자는 메시지를 전하고 있는 공 익 광고

2문단 우리 주변에서 볼 수 있는 여러 공 공 장 소 의 예와 공공 예절의 의미

3문단 공공 예절을 지키지 않았을 때의 문 제 점 과 공공 예절을 지키자는 당부

주제 공 공 예 절 의 의미와 공공 예절을 지켜야 하는 이유

°5 만덕 할망 이야기

본문 24~25쪽

1문단 기생으로 살아가다가 양 민 신분을 회복한 만덕

2문단 자신만의 원칙으로 장 사 를 하여 부자가 된 만덕

3문단 나 눔 을 실천한 만덕

4문단 소원을 이루고 역 사 에 기록된 만덕

주제 제주에서 존경받는 인물로 남아 있는 만 덕 의 삶

°6 에티오피아에서 온 편지

본문 28~29쪽

1문단 아프리카의 기 아 문제 해결을 위해 자원봉사자로 일하고 있는 온두레아

2문단 가 뭄 과 전쟁으로 많은 사람이 굶주리고 있는 에티오피아

3문단 굶주림으로 어 린 이 들이 고통받고 있는 안타까운 현실

4문단 온두레아가 한국에 사는 친구들에게 편지를 쓴 이유

주제 굶 주 림 으로 고통받는 사람들에 대한 관심 당부

실력 확인

07 우리는 형제, 다이아몬드와 연필심

본문 32~33쪽

- ❶문단 다이아몬드와 연필심에 대한 소개
- ❷문단 다 이 아 몬 드 와 연필심의 공통점과 차이점
- ❸문단 다이아몬드와 연필심 속 탄 소 원자의 결합 구조와 그 특징
- ❹문단 흑 연 으로 만든 인조 다이아몬드의 생산과 쓰임

✎주제 다이아몬드와 연 필 심 의 성분 및 구조상 특징

08 돈에는 누가?

본문 36~37쪽

- ❶문단 대부분의 나라에서 화폐에 위 인 의 얼굴을 사용하는 이유
- ❷문단 미 국 의 지폐에서 볼 수 있는 인물들
- ❸문단 인도, 중 국 , 터키의 지폐에서 볼 수 있는 인물들
- ❹문단 우리나라의 화폐 단위와, 지 폐 에서 볼 수 있는 위인들

✎주제 각 나라의 화 폐 에 담긴 인물들

09 세계 1등을 찾아라

본문 40~41쪽

- ❶문단 세계 최고 기 록 에 대한 다양한 궁금증과 그 대답
- ❷문단 기네스북이 처음 만들어지기까지의 과 정
- ❸문단 기네스북이 다루는 분야와 기네스북의 발 행 현황
- ❹문단 기네스북의 가 치

✎주제 기 네 스 북 이 만들어진 과정과 기네스북의 가치

48

10 세종 대왕을 만나다

본문 44~45쪽

1문단 세종 대왕이 한 글 을 만든 이유

2문단 세종 대왕이 한글의 자 음 과 모음을 만든 방법

3문단 익혀야 할 글자 수가 적고 하나의 소 리 로만 발음되는 한글의 우수성

주제 한글을 만든 이유와 방법 및 한글의 우 수 성

11 곤충도 먹을 수 있어

본문 48~49쪽

1문단 미래 먹 거 리 로 꼽히고 있는 곤충

2문단 가축에 비해 미래 식 량 으로 손색이 없는 곤충

3문단 영 양 소 가 많아 소고기나 돼지고기를 대신할 수 있는 곤충

4문단 곤충을 식 재 료 로 사용하기 위해 해결해야 할 문제

주제 미래 먹거리인 곤 충 의 장점

12 색다른 면 요리

본문 52~53쪽

1문단 여러 지역의 특색 있는 면 요리들 소개

2문단 충청북도에서 민 물 고 기 를 넣어 끓여 먹는 생선국수

3문단 전라도에서 팥 죽 에 새알심 대신 칼국수를 넣어 먹는 팥 칼국수

4문단 육이오 전쟁 때 피란민들이 만들었으나, 지금은 부 산 의 대표적인 면 요리가 된 밀면

5문단 제 주 도 의 전통 음식 중 하나로, 돼지고기를 푸짐하게 올려 먹는 고기국수

주제 우리나라 여러 지역의 특색 있는 면 요리들

실력 확인

13 나스카 라인의 미스터리

본문 56~57쪽

1문단 지금까지 발견된 나스카 라인의 개 수 와 종류 및 크기

2문단 나스카 라인을 연구한 학자 마 리 아 라 이 헤

3문단 나스카 라인을 그린 이 유 에 대한 다양한 추측과 글쓴이의 당부

주제 나 스 카 라 인 의 개념과 종류 및 그에 대한 연구

14 선비들이 늘 곁에 둔 친구, 문방사우

본문 60~61쪽

1문단 문방사우의 의미와 종류

2문단 문방사우의 종류 ①: 먹

3문단 문방사우의 종류 ②: 벼 루

4문단 문방사우의 종류 ③: 붓

5문단 문방사우의 종류 ④: 종 이

주제 문 방 사 우 의 의미와 종류 및 특징

15 영웅일까, 도둑일까?

본문 64~65쪽

1문단 홍길동에 대한 저마다 다른 평가

2문단 신 분 제도가 엄격하고, 남성 중심의 사회였던 조선 시대

3문단 서 자 로 태어났다는 이유로 뛰어난 실력에도 차별을 받아야 했던 홍길동

4문단 백성에게는 영 웅 , 양반에게는 도 둑 이었던 홍길동

주제 백성들과 양반들에게 서로 다른 평가를 받은 홍 길 동

16 우리 생활 속에 숨어 있는 보색의 신비

본문 68~69쪽

1 문단 빨간색 붕어가 청 록 색 으로 보이는 현상을 이해하기 위해 알아야 할 보색

2 문단 보색 및 보색 대 비 의 의미와 특징

3 문단 보색 대비를 활용하는 이유와 그 예

4 문단 보색 잔 상 의 의미

5 문단 보색 잔상이 응용된 예

✎ **주제** 일상에서 활용되고 있는 보 색 대 비 와 보 색 잔 상 현상

17 고무의 발견과 발전

본문 72~73쪽

1 문단 현대인에게 없어서는 안 될 물건인 고 무

2 문단 파라고무나무의 수 액 에서 얻을 수 있는 천연고무

3 문단 천연고무에 유황을 섞은 후 가열하여 만드는 가 황 고무

4 문단 합성 고무의 발명 및 합성 고무의 한 종류인 네 오 프 렌 의 개발

✎ **주제** 고 무 의 발견 및 발전 과정

18 사람이 만든 비

본문 76~77쪽

1 문단 미 세 먼 지 를 없애기 위해 사람의 힘으로 비를 내리게 하기 위한 실험

2 문단 인 공 강 우 의 개념 및 인공 강우를 만드는 방법과 원리

3 문단 미 국 과 중국 등 인공 강우 실험을 하고 있는 나라

4 문단 우 리 나 라 에서 있었던 인공 강우 실험의 과정과 그 결과

✎ **주제** 인 공 강 우 가 내리는 과정 및 인공 강우 실험 내용

실력 확인

19 피보나치수열 이야기

본문 80~81쪽

1문단 앞 의 두 수 를 더하면 뒤의 수가 되는 피보나치수열

2문단 꽃 잎 의 개수에서 발견할 수 있는 피보나치수열

3문단 해바라기 씨 앗 의 배열에서 발견할 수 있는 피보나치수열

4문단 잎 차 례 분수에서 발견할 수 있는 피보나치수열

✍ **주제** 피 보 나 치 수 열 의 개념 및 주변에서 발견할 수 있는 피보나치수열의 예

20 조선을 사랑한 서양인, 어니스트 베델

본문 84~85쪽

1문단 베델이 처한 시대 상황 및 베델에 대한 소개

2문단 베델이 일제의 침 략 행위를 고발하고자 마음먹은 계기

3문단 『 대 한 매 일 신 보 』와 『코리아 데일리 뉴스』를 통해 펼친 베델의 일제 비판 활동

4문단 마지막까지도 조 선 을 위해 힘썼던 베델

5문단 우리의 마음속에 영원히 남을 어니스트 베델

✍ **주제** 죽는 날까지 조선의 독 립 을 위해 노력했던 어니스트 베델의 삶

완자·공부력·시리즈 매일 4쪽으로 스스로 공부하는 힘을 기릅니다.

대표전화 1544-0554
주소 서울특별시 구로구 디지털로33길 48 대룡포스트타워 7차 20층
협의 없는 무단 복제는 법으로 금지되어 있습니다.